希望の教育実践

子どもが育ち、地域を変える環境学習

岸本清明

同時代社

希望の教育実践

子どもが育ち、地域を変える環境学習

＊目次

はじめに

学校と学校教育が、どんどん変わっていっています。しかし、その方向はけっしてよい方へとは思えません。

まず、教科書が分厚くなり授業時間数を増やしても消化しきれず、子どもたちも先生方も共にきつくなっています。また、先生方の授業や学級経営、校務分掌や保護者対応などの全ての業務が、管理職から厳しく監視、評価されるようになってきています。それで、学級経営案を書いたり週案を作成したりと、事務に膨大な時間をとられるようになり、長時間過密労働が日常化してしまいました[1]。そのため、肝心の教材研究の時間が削られています。また、クラスの子どもの実態に合わせて授業を創っていくのではなくて、まるで型にはまった、マニュアル化したような授業が広まり始めています[2]。

一方、日本は先進国のはずなのに、子どもの貧困が深刻さを増しています。家庭的に厳しい状況に置かれているため、やる気を失ったり、荒れたりする子どももふえてきています[3]。学級担任一人の力では解決の難しい段階に入っています[4]。

「子どもたちを賢くしたい」「分かりやすくてよい授業をしたい」「みんなが仲よくなる楽しい学級をつくりたい」など、いろいろ夢を抱いて先生になったのに、気がつけば、ただ仕事に追いまくられていたり、子どもを信用しなくなっている自分を見つけたりして、「こんなはずではなかったのに」と、思うこともあるのではないでしょうか。

子どもたちに「夢を持て」と言いながら、先生自身が夢を持てないのはおかしな話です。それならば、いっそうのこと子どもたちと一緒に「希望の持てる」教育をしてみませんか。

その実践例と展開法をこの本に収めました。それは地域に教材を求め、総合的な学習の時間に実施する環境学習です。これは環境学習の実践ですが、やっているうちに教育観や教科の授業も変わり、授業改革につながっていきます。

今、どうしてそんな提起をするのでしょうか。

私自身つまらない授業をし、幾度も行き詰まりました。学級崩壊を経験したり、研究授業で失敗したりして、教員を辞めようかとすら思った時期が長く続いたのです。今思えば、子どもたちはそれぞれ多様ですから、私の一方的な授業では理解できず、興味も持てなかったと思うのです。焦って小手先の授業改革をしていたこともありましたが、そんなことでは子どもたちは受け入れてはくれませんでした。それは、子どもたち自身、成長が感じられなかったからだと思います。そんな子どもたちの表情に、私は元気をなくしていきました。そして、暗い海の底に沈んでいく気分になりました。

40代も後半、深い闇の中で崩壊学級という大きな岩にぶち当たりました。私自身も心身の崩壊の危機を迎えました。今までの教師主導の授業ではまったく通用せず、なすすべもなく子どもたちに授業の主導権を渡しました。すると、私が今までやったことのないような教育実践を、子どもたちが始めたのです。

時は1998年、ちょうど総合的な学習の時間が導入される直前のことでした。教科教育がうまく行かないものですから、苦し紛れに学校のすぐ東側を流れる「東条川」を教材にしたのです。子どもたちは、「東条川が汚れている」とはまだ認識していませんでした。地域のおじいさんが昔の川の様子を語ってくれた時、子どもたちは「東条川が汚れている」ことに初めて気づいたのです。その時から、6年生の子どもたちが生き生きと活動し始めたのです。「川を汚しているものは何か」「どうすれば川をきれいにできるのか」「自分たちにできることは何か」と、次々に課題が生まれ、子どもたちはのめり込むように解決に向け、行動していったのです。その過程で学級が立ち直ったばかりか、教科の学習にも生き生きと取り組むようになっていったのです。

それを見ていた下学年の子どもたちが、翌年「東条川学習」を始めました。とてもおもしろい学習なので、子どもたちはそのことを家で喜んで話すのです。すると、保護者も協力的になってきました。地域の人も昔の東条川のことを話しに教室に来てくれたり、子どもたちと東条川で魚取りをしてくれたりと、教育にどんどん参加してくれました。専門家や行政の人も、川をきれいにする方法を伝え、子どもたちの学習を支えてくれました。そして、一年の終わりには、各クラスの「東条川学習」を、劇やプレゼンテーションで他学年や保護者に伝えました。その後に保護者と一緒に東条川クリーン活動に出かけました。

この学習は世間の注目を浴び、神戸新聞や東条町、みのり農業協同組合の広報などがよく記事にしてくれました。藤岡貞彦一橋大学名誉教授ほか教育研究者たちも遠路訪問して、高く評価してくれました。地域ぐるみの東条川学習を評価した兵庫県も、学校のすぐそばに東条川における階段を造ってくれました。そうして、子どもたちやＰＴＡ、地域もこの「東条川学習」に希望と誇りを持ちました。

このような学習は、今の学校教育とは大きく違います。それを一言で表しますと、「子どもが主体になって喜んで取り組む学習」といえましょう。また、子どもたちと教員が中心になって、保護者と地域、行政と専門家とで創り上げる参加型の「総合学習」だともいえましょう。もちろんこれは、私の考え出した教育ではありません。総合学習は大正時代から日本各地で脈々と続けられてきたものです[5]し、学習指導要領にある「総合的な学習の時間」の目標に記されているような教育です。幸いなことに、子どもたちがそこにたどり着かせてくれたのです。

この教育を実践して、従来の教育とは異なる大きな教育効果を感じました。それは「実践知」といわれているものです。法政大学総長の田中優子氏の言葉を借りれば、「実現すべきこれからの社会について『自分で考える』能力であり、答えを与えられて覚えるのではなくて、論理の筋道、多様な価値観、多くの言葉と出合い、それを消化して自らの思想につくり上げ、それを文章やスピーチで表現し、確実に人に伝える」力をつけていくものです。その力によって、「善い」目的を作り、より善い社会を創ろうとすると同時に、自分自身の生き方をも変えようとするものです[6]。まさに「希望の教育」なのです。

この教育は、一つの正解に早くたどり着くのを競いあうものではありません。そのため、人の意見をしっかり受け止め、みんなでじっくり考えあうことができます。そして、最後のまとめの段階では、一人一人が自分の持ち味を生かして、人形劇など大きな表現に仕上げます。それを多くの人に見てもらい、自分たちの思いを伝えるとともに、表現者の子どもたちは手応えを感じとり、一年にわたる学びの評価をするのです。

この一連の学習過程で、子ども同士はもちろんのこと、講師として子どもたちに教えてくださった方々との間にも協力・共同の関係が築かれ、相互信頼感も高まります。しかも、子どもたちは様々な知識を「自分のものにする」方法や、自然や社会に対する見方、考え方をも習得していきます。そこに私は「今まで自分のしてきた教育とは異なる、もう一つの教育があった」との確信を抱きました。

この手法を習得してから、教科教育の展開法も変わっていきました。私も子どもたちも一人一人の意見をよく聞くようになりましたし、黒板は子どもが自分の想いや考えを書くものに変わりました。私が教えるよりも、みんなで考えあう時間の方がふえていきました。子どもたちもできる限り全員が発表し、みんなで授業を創ろうとするようになり、授業が充実していきました。それに付随するかのように、子どもたちの問題行動は少なくなっていきました。

それだけではありません。地域の環境を調べ、何が問題なのかを子どもたちと考え、地域の人や専門家を招いて解決法を考えだし、学んだことを地域に返し、一緒に解決に向けて歩みだす手法は、私自身の問題解決能力をも格段に高めてくれました。それはその後の教員生活はもちろんのこと、退職後に地域でいろいろな仕事をする際にも大いに役立っています。

しかし、「この超多忙、過密カリキュラムの中で、そんな実践ができるのか」という思いを持たれると思います。確かに現実は厳しいです。それで、総合的な学習の時間を使い、小さな実践から始めればよいのではないでしょうか。手応えを感じたら次の年はより大きな実践をして、この学習法を習得していくようにすればどうでしょうか。教材を工夫し、子どもの声を聞きながら全員参加の授業をめざします。そんな授業の進め方に子どもたちは賛同し、喜んで参加してくれるようになり、授業がどんどん楽しくなっていきます。そうして、いつの間にか「授業の腕」が上がっていきます。そうなるように、本書にそのヒントをたくさん記しています。

この私の実践は、現在の学校の状況からしますと、確かに「幸運な条件が重なってできた偶然の産物」[7]であるかも知れません。でも、よい実践は、時に幸運な条件をも作りだしてくれるものと思います。

また、地域を教材にすることによって、子どもたちは地域のことを考えはじめます。そして、何が問題なのか、どう解決していくのか。このように考えていくことは、「地域の主体性、自立性にもとづく人間性の復興と、持続可能な地域社会のあり方を探究する英知を養う」[8]基礎をつくること、つまり「地域住民主権（地域のことは、住民自身が決め、実行する）」[9]力を育むことにもつながっていきます。

いずれも難しいことではありますが、一度しかない教員人生です。子どもや親に喜んでもらい、自分自身もやり甲斐を感じる授業や学校を創っていきませんか。そして、上から指示されたことだけをする「法令執行人のような教員ではなく、子どもたち一人一人を成長させるための先生」[10]に成長していきませんか。

引用文献

（1）佐藤学「教師に対する管理と統制」藤田英典編『誰のための教育再生か』（岩波新書、２００７年）67頁

（2）早久間学「だからいま、授業のおもしろさを問い直してみる」『教育』№845、2016年6月号、12頁
（3）阿部彩『子どもの貧困』（岩波新書、2008年）14頁
（4）門脇厚司『学校の社会力』（朝日新聞社、2002年）93頁
（5）稲垣忠彦『総合学習を創る』（岩波書店、2000年）30頁
（6）田中優子「『実践知』習得に欠かせず」神戸新聞2015年9月28日記事
（7）佐藤隆「教育の非人間化をのり越える戦略」『教育』№828、2015年1月号、11頁
（8）佐藤一子『地域学習の創造』（東京大学出版会、2015年）3頁
（9）岡田知弘「地域の危機と再生の条件」『教育』№742、2007年11月号、21頁
（10）尾木直樹『変われるか？　日本の教育』（新日本出版社、2009年）25頁

序章　私の環境学習の舞台

まずは、私の環境学習の舞台となった東条川と東条地区、その支流「鴨川」の流れる鴨川地区について、少し話してみます。

1　東条川と東条の集落

東条川（全長約40㎞）の源は、「デカンショ節」で有名な丹《たん》波《ば》篠山《ささやま》にあります。中国山地の標高400ｍほどで連なる山の斜面に降った雨は、渓流となって流れ下ります。それが何本も集まって東条川の支流となります。さらに下って三つの支流が合流して東条川となります。さらにいくつもの谷川の水を集め南下します。急流のため下刻作用が強く、河床が掘り下げられて、中流域まで堤防がいらないほどです。

やがて東条川は南西に進路を変え、姫路平野の東端に出ます。そこに「東条」があります。その多くの集落（人口約7500）は、東条川やその支流の形成した河床跡や河岸段丘面にあります。川が低いところを流れていますから、かなり上流に井堰を造り、その水を用水路に導き田に入れます。最近

東条川と東条東小学校周辺

では多くの田で、酒米で高名な「山田錦」を栽培しています。

東条町は「東条川」からその名を取っています。町にとって東条川は「母なる川」です。その東条川は東条の町を縦断し、小野市を経て加古川に注ぎ込みます。

この地域は、瀬戸内式気候の少雨地帯にあります。空梅雨だと東条川も涸れ、農業用水がたちまち不足し、ずっと干害に悩まされてきました。それで、いにしえよりため池をあちこちに造り、水路を縦横に走らせました。しかし、ため池の水は一度使ってしまえば、なかなか満水にはなりません。「30年周期の小飢饉、50年周期の大飢饉、3年に一度の不作」と記した書物があるほど、農業用水の不足は深刻でした。それで、戦後すぐに鴨川ダムが築造され、その水が村々のため池に配水されるようになるまで、水争いが絶えませんでした。

このように、用水をめぐる争いはしれつを極めましたが、農村風景はいたってのどかでした。子どもたちは年間を通して、自然を友として育ちました。

2　もう一つの舞台「鴨川」

東条から5kmほど北に鴨川地区があります。標高400～500mの低い山の連なる中国山地の山間にある三つの集落に、260世帯670人が暮らしています。一つの村はかつて「丹波道」という古道の宿場村として栄え、もう一つの村は「播州清水寺」の門前村として発展してきました。

村の山の木で焼かれた良質の木炭は、釣り針や金物の焼き入れに用いられ、東条の釣り針製作や三木の金物といった地場産業を支えましたが、コークスの出現とともに炭焼きは衰退しました。それに代わる産業がなく、若い人は都会に出て仕事に就くようになり、過疎化が進行しています。

しかし、自然豊かな山紫水明の地で、四季折々に変化する山の景色は素晴らしいです。東条川支流の「鴨川」には透き通った水が流れ、アユやカワムツ、ムギツクやサワガニがたくさんいます。カワセミやルリビタキ、カケスやヤマガラなど野鳥の種類も数多く、キジが畦道を歩いていきます。オニヤンマやハッチョウトンボ、カブトムシやクワガタなど昆虫もたくさん生息しています。山にはイノシシもたくさんいて、最近ではシカまでもが村里に出てくるようになりました。

下鴨川

3　当地方の1960年頃までの子どもたちの1年間

(1)　待ちかねた春

春を待ちかねたように、川辺にネコヤナギの花が咲きました。

子どもたちは川に降り、その枝を切りとり「肥後守」（ナイフ）で削って、剣や手裏剣を作って遊びました。

堤防に植えられたサクラが一斉に咲く頃には、春風が頬に心地よかったです。川に注ぎ込む溝を少し遡って、石をめくるとサワガニが動き出しました。しかし、その水はまだ冷たかったです。

そのうちに、堤防にイタドリが生え始めました。おいしそうなのを選び、皮をむいて食べました。スイバも同様におやつ代わりにしました。

(2) 厳しい労働の初夏

田植え準備の前には、村中総出で用水路の泥上げをします。大人たちが溝から上げる泥の中に、ドジョウやフナ、タナゴやエビ、シジミやドブガイがたくさんいました。それらをバケツに入れて持ち帰るのが楽しみでした。

そのうちに、水を入れた田に牛が入り、代かきが始まりました。大人たちはまだ暗いうちから苗代に行き、苗を引いて小さな束をたくさん作りました。その束をかごに入れ、天秤棒で担いで田に行き、水を張った田に適当な間隔をあけて投げていきました。

朝食を済ますとすぐに家族全員が田に入り、投げこんだ苗を手にして田植えをしていきました。それぞれの家では昼食を作る時間も惜しんで、田植えをしました。それで、妊婦やお年寄りが公民館に集まり、大量の米を炊いておにぎりを作りました。昼食前に子どもたちが取りに来て、田植えをしている家族の田に持って行きました。田の畦に腰を下ろしておにぎりを頬張り、しばらく休憩を取ってまた田植えを続けました。幼い子どもも自分のできることを当たり前のように手伝いました。

田植えは足腰の痛くなる過酷な作業です。広い田は朝から晩まで苗を植えても植え終わりませんでした。家族だけでは人手が足りないので、田植えを終えた遠くの村の人に応援を頼みました。日数がかかる田植えの最中には、小学校は農繁休暇になりました。

ようやく田植えを終えた田では、すくすくと稲が育ちます。田には雑草も生えるので、水を張った田の中を、草取りの道具を押して歩き回るバシャバシャバシャという音が、早朝から村中に響きました。稲の株間にホウネンエビやドジョウが泳ぎ、アマガエルの声が日増しに大きくなっていきました。川とつながる用水路からはコイやフナが田に上がってきて、田の隅で産卵の水しぶきを上げました。

(3) 1日中川で遊んだ夏

夏休みに入ると、楽しみは水泳でした。各村では近くの川やため池の一角を水泳場所に指定して、村人が交代で監視してくれました。水中眼鏡をかけて水に潜ると、いろいろな魚の泳いでいる姿が見えました。また、上級生が古い自転車のスポークを外し、その先をハンマーでたたき、道路のコンクリートで磨いて銛《もり》を作りました。それから、自転車の古いタイヤチューブももらってきて適当に切り、それを竹の筒に取り付け、ゴム仕掛けでスポークの銛が飛ぶ水中銃を作りました。多くの子どもたちが、上級生に教えてもらって水中銃を作りました。それを手に川に入り、石の間に潜むフナを見つけ、撃ちました。見事に命中した時の快感は忘れがたい記憶となりました。もちろん捕ったフナは持って帰り、煮て食べました。

体が冷えると中州に上がり、石を並べてダムを作って遊びました。自分の思う所まで水路を引き、水を導くのがおもしろかったのです。また、川の瀬にあるたくさんの石には、ヨシノボリが真っ黒に見えるほど多数へばりついていました。それも捕って帰り、炊いて食べました。清流にはカワムツやオイカワ、ハヤなどが群れをなして泳いでいました。1時間ほど釣り糸を垂れると、バケツいっぱいになりました。

(4) 手伝いに励んだ収穫の秋

台風が来ると川は一気に増水し、茶色の水がゴーゴーと流れました。台風一過の川に行き、流れの緩やかなところに釣り糸を垂らすと、大きなナマズが釣れました。

ヒガンバナの咲く頃には田から水を落とし、稲刈りに備えました。10月に入ると、たわわに実った稲穂を一株一株鎌で刈り、わらでくくって束にして稲木に干しました。これも腰の痛いつらい作業でした。稲穂の乾燥が進んだ頃に、脱穀機で脱穀をして、穂からもみを取り離しました。もみを持って帰り、むしろに広げ天日に干して乾かしました。それが終わると、もみすりをしてもみがらを取りのぞき、玄米にしました。

全てのもみが玄米になる頃には、はや晩秋の風が吹いていました。夜には、大人たちは稲わらを使って俵を編みました。玄米を選別する農具を使い、粒の大きい良い玄米だけを俵に入れて出荷の準備をしました。家の前の道端に並べた米俵に検査官が、米粒を抜き出す器具を一俵一俵つき刺し、それぞれの米粒を見て一等米、二等米とランク付けをしました。そうして、トラックに載せて出荷し、百姓はようやく現金を手に入れることができました。

稲わらは田の隅に高く積みあげ、牛の餌用として確保しました。残ったわらは、堆肥にしたり、牛の寝床に入れたり、畑の野菜の下に敷いたりして、無駄にするものは少しもありませんでした。

刈り取りの終わった田を歩くと、湿った所に小さな穴を見つけました。そこを掘るとタニシが出てきました。持ち帰って炊いて食べると、とても美味しかったです。これも貴重なタンパク源となりました。

また、ため池の水を全て落とし、魚を捕る行事も楽しみでした。水の少なくなった排水口付近には、大きなコイが何匹もいて、大人も子どもも泥だらけになって夢中で追いかけました。

米の収穫の終わった田は、牛の引くすきで耕し、麦を植えました。農耕のために飼っている牛の餌として、麦はどの家でも欠かせないものでした。牛の世話の一部は子どもの仕事でした。

(5)　子どもは風の子

冬になると、ため池や川の流れのない所に氷が張りました。その上に石を投げると、キュンキュンキュンと音がして石が滑っていきました。氷の割れ具合を見て、分厚いと分かると氷の上に乗り出しました。運動靴でもけっこう滑って楽しかったです。時たま氷が割れて危険なこともあり、それもまたスリルがあっておもしろかったのです。

家の中には火鉢しか暖房がないので寒かったです。それで、子どもは外に出て、村のみんなで鬼ごっこや缶けり、押しくらまんじゅうやかくれんぼをして遊びました。そうして、温かい春の来るのを待っていました。
そして、春が来ると、学年が一つ上になりました。

4　現代農業と子どもたちの暮らし

１９６０年代から、農村にも近代化の波が急激に押し寄せてきました。

(1)　農作業と子どもたちの手伝い

①春が来た

新学期には、教科書が分厚くなり、ランドセルが重くなりました。でも、薄着になり体は動かしやすくなりました。

親たちは塩水を入れたバケツに種もみを入れ、重く沈んだもみを集めて水洗いしています。それから、田植機に載せる四角い箱に用土を次々と入れていきます。種もみが乾くのを待って、用土を入れた箱に種もみを落としていきます。水をかけて土を薄くかぶせるのです。そして育苗器で発芽させてから、田に持って行き、ビニールのトンネルを作り保温します。

今ではこの種もみを蒔く作業も、機械でできるようになりました。子どもたちは、土を入れた箱を運ぶだけになりました。

② 初夏の田んぼ

田植えに備えて、農家総出で用水路の掃除にかかります。今では大半がU字溝ですから、底が平らで泥も砂もたまってはいません。それで、掃除は簡単で短時間ですみます。魚はほとんどいません。用水路からかつての生命の賑わいは消えています。

トラクターでの代かきが始まります。それぞれの田んぼにエンジン音が響くと、あっという間に代かきは終わって田植えができるようになります。二日ほどおいてから田植機での田植えが始まりました。みるみるうちに、か細い苗が植えられていきます。田植機には肥料をまく装置もついています。子どもたちは苗箱を運ぶお手伝いをしています。

植え終わった田には、2度除草剤をまきます。有機栽培で除草剤をまかない田では、ホウネンエビなどの生物がいますが、除草剤を使用した田では、生きものは姿を消してしまいます。川に流れでた除草剤は、川の草をも枯らしてしまいます。

③ 夏の田んぼ

夏の光を受けて、稲は背丈を伸ばすとともに株分けをします。50～60cmに伸びた稲には、いろいろな虫がやってきて葉を食べます。そこで、殺虫剤を動力噴霧機で散布します。農業協同組合に頼めば、ラジコンのヘリコプターで殺虫剤を噴霧してくれます。この農薬は田の虫だけでなく、畦にいる生物も殺してしまいます。また、化学肥料も3回に分けて適期に動力噴霧機で撒布します。こういった作業は危険ですから、子どもたちは手伝えません。

④ 収穫の秋

コンバインによる収穫に備えて、田んぼの水を落として田を乾かします。田が十分乾いた頃にコンバインを田に入れて、刈り取りと同時に脱穀をしていきます。その上、刈り取った稲を細かく切って、田にまいていきます。コンバインのタンクがもみでいっぱいになると、コンバインからパイプのようなものを伸ばして、軽トラックに積んだ大きな袋に移します。大型のコンバインを使えば、広い田でもあっという間に収穫が終わります。

軽トラに積んだ袋から、家の納屋に設置された乾燥機にもみが移されます。そして、そこに風や熱風を送り込み、ゆっくりともみを乾燥していきます。乾燥が終わると「もみすり」です。この作業もよい機械があるので、短時間で玄米にしてしまいます。そして、別の機械で小米を落としたあと、20kgずつ紙袋に詰めていきます。

これらの作業も一人でできます。20kgの玄米（もみを取り去っただけでまだ精米していない米）の入った紙袋は重くて、子どもの手には負えません。

⑤晩秋から冬の田んぼ

稲刈りの終わった田には、タニシやドジョウなどの生きものは見当たりません。そんな田に子どもたちは魅力を感じることはありません。冬の田には誰も行かないようになりました。子どもの数そのものが減り、村の子が集まって凧揚げなどもしなくなりました。

(2) 省力化とその弊害

現代の農業は大型機械を用いて、効率的に作業を進めていきます。機械の力を借りれば、大人一人でも可能になりました。しかも、身体が楽になりました。しかし、これらの農機具はとても高価です。コンバインは高級外車並み、トラクターは普通乗用車以上の値段です。しかも、土や水が入ったり稲わらが詰まったりして、そう長持ちはしないのです。とはいえ、いったんこの機械化農業に慣れてしまえば、昔のように手作業での稲作はできません。それなのに米価は安いのです。それで、農家は機械代を稼ぐために、会社や工場に働きに出るようになりました。農民は「機械貧乏」と自嘲気味にいっています。

一方、田にはヒエやホタルイなどの雑草が次々に生えてきます。そのままにしておくと、たくさんの種が落ち、翌年は一面に雑草が生えます。しかし、雑草を引く作業は大変です。それで、多くの農家では除草剤を撒布しています。また、稲にはたくさんの害虫がよってきます。それを殺すために殺虫剤を散布しています。

一方、稲が大きく育つためには肥料は欠かせません。昔は堆肥を作っていましたが、今は化学肥料を撒布しています。

これらを散布した田や田の畦、水路で、生物は激減してしまいました。生きものの賑わいの消滅した田には、子どもたちはやってきません。

(3) 圃《ほ》場《じょう》整備とその弊害

田んぼは1枚、2枚と数えます。小さな田が何枚も棚田のように並んでいては、トラクターやコンバインなどの大型機械が入りにくく、作業能率も悪いのです。そこで、ブルドーザーで平らにし、30

m×100mの大きな長方形の田につくり替えました。さらに、田がよく乾くようにと、排水路を低い位置に設けました。一方、溝掃除の効率をよくし補修しやすいようにと、用水路をU字溝にしました。

そのため、水路に魚の隠れる場所がなくなり、魚がいなくなってしまいました。また、排水路を伝って水田に入り産卵していたコイなどは、低い排水路から高い田に入ることができなくなって産卵場所を失いました。

このように、現代化された水田や水路周辺から、生きものの賑わいは極端に減っていきました。と同時に、田にまいた肥料分の一部が排水路を伝って川に入るため、川はしだいに富栄養化（リンや窒素などを含む排水が流入し、プランクトンが異常に発生するなどして水質が汚濁すること）していきました。そして、その水をためる「ため池」では、アオコが毎年発生するようになってきました。くさい上に、毒性のあるアオコが発生する「ため池」には、誰も近寄らないようになってしまいました。

第1章　東条川学習の始まり

舞台は東条町（現加東市）です。兵庫県の南東部、姫路平野の東端にあり、加古川支流の東条川が校区を縦断している町です。私はその時47歳でした。

若い時から私は「学力の基礎を鍛え落ちこぼれをなくす研究会（落ち研）」（現「学力の基礎をきたえどの子も伸ばす研究会」）に学び、「学力」形成に力を入れてきました。でも、それがうまくいく年もあれば、子どもたちがそういう学習を受け入れず、互いにしんどい思いをする年もありました。自分がやりたい教育とも違うし、子どももその教育を喜んではいないし……、自分の教育を転換していく必要を感じつつも、どうやったらそれができるのかも見えてこず、「このまま教員が続けられるのか」と大きな不安を持ち、苦悩する日々が何年も続いていました。

そして1998年、そんな教育をついに転換する時がやってきたのです。

1　大変だ。5年生の片方のクラスが崩壊した

2クラスある5年生の片方が3学期に崩壊しました。子どもたちが荒れて、むちゃくちゃをし始め

ました。かなり離れた所にある教室にいても、そのクラスの騒がしさが伝わってきました。暴力を伴ういじめが発生し、一部の男子が騒ぐという授業妨害もあって、授業もなりたたなくなりました。管理職が教室に入っても収拾がつきません。担任が何か言うと、「教育委員会に言うたる」と子どもたちが騒ぎました。親たちも担任批判を強めました。こうなるともう収拾はできません。崩れる一方で終業式を迎えました。

2　6年生担任が決まらない

新年度、このクラスの担任を決めるのが大変でした。校長は自分の責任になるのをおそれて自ら決めず、職員会議での話し合いによって決めることになりました。誰も6年生担任だけは避けたいと思っていました。それで、長い長い沈黙が続きました。誰も手を上げず、うつむいてしまいました。その長い沈黙の後に、5年生のもう一方のクラス担任だった女の先生が、「私にも責任がありますので、担任をします」と挙手しました。その勇気に押されて、男で一番年上だった私も手を上げてしまいました。

その直後、私たちは校長に呼ばれ、「このクラスはいじめがひどい。自殺者がでるかも知れないから、いじめっ子の多いクラス、いじめられる子の多いクラスに分けるように」との指示がありました。そんなことをしたら、よけいに大変なことになると感じました。だが、何が起こるか私たちにも予想できませんので、指示にしぶしぶ従いました。それで、いじめっ子の多いクラスを私が担任することとなりました。

3　打つ手がことごとく失敗する日々

始業式から大変でした。半数は私が４年生で担任した子どもでしたが、別人のように変わっていました。とりわけ男子がひどかったのです。始業式から帰ってきて教室に入り、私が「１年間よろしく」と挨拶しますと、「はげ！」という声が返ってきました。それ以来誰もが、私のことを「はげ！」と呼びました。

そんな状況ですから、学級経営もうまくいきません。みんなを仲よくさせようと、昼休みにドッジボールをして遊ぶことを提案しました。すると、男子が思いっきりきついボールを、女子に当てました。当てられた女子は「痛い」と泣き叫びました。これは危険だと判断し、３分で中止を宣言しました。当てた男子は悪いと思うどころか、せいせいしたという表情をしていました。

授業も、私の担当科目は何とか成立していましたが、家庭科と図工の専科の授業は崩壊していました。「家庭科は女子がしたらいい」と、男子は教室の後ろでダべっていました。図工で絵を描いている時、少し失敗すると画用紙を破って捨ててしまいました。そして、友だちの絵まで破りに行くようなこともしました。それで、「何とかしてほしい」と専科の先生に泣きつかれました。他にも、朝の集団登校の際に通学班長の責任を放棄し、自分だけ先に来て運動場でボールを蹴って遊ぶ子もいました。

この事態を何とかしたいと、学級通信を出して考えさせようとしました。すると、「こんなことになったのは、全て前担任の責任だ」との原稿を書いてきました。学級会で話しあおうにも、「悪いのは前担任」との意見を強硬に主張する子たちがいて、解決には向かいませんでした。

ある時、「裁判」という手法を思いつきました。学級会では、力の強い子が発言して終わりになります。それで、公平な判断のできる子5人を裁判官にし、トラブルになった一方を原告、もう一方を被告としました。それで、双方に弁護人役と検察官役とを一人ずつ選ばせ、裁判をすることにしました。いつも一方的に発言する子たちは、発言権のない傍聴人となり、発言できなくなりました。裁判官は最後の判決の時に意見を言ってもよいが、それまでは質問しかしてはいけないとのルールも決めました。

この方法は思いのほか有効でした。裁判官役の質問で、いじめの原因がどんどん掘り下げられていったからです。今まで「相手が悪い」と双方が思っていたのですが、互いに言い分があり、その元はちょっとした誤解であったことが見えてきました。つまり、些細な誤解から相手が悪いと手を出し、やられた方はやり返す。それが繰り返されてどんどん大きくなっていったことが、この裁判から見えてきて、ほとんどの子が驚きました。そして、裁判官は「どっちもどっちだ」という判決を出しました。みんなはその判決を支持するとともに、「人の意見は最後まで聞かないと分からない」と知りました。これが後々の学習に生きてくることになりました。

しかし、保護者から「裁判とは何だ。子どもを犯罪者扱いしている」との抗議があり、続けられなくなりました。それで、また打つ手がなくなりました。

私の手のうちがなくなりますと、クラスはどんどん悪くなっていきます。子どもたちの暴走を食い止める方法がなくなるからです。一部の子は隣のクラスにまで行き、いじめをしたり、些細なことで殴り合いの喧嘩をしたり、なかなか落ち着きません。しかも、日が経つにつれ、その度合いは高まるばかりでした。いずれ昨年度のように、担任に対する反抗が始まるかも知れないとの不安も、よぎるようになってきました。

職員室に帰ると、「岸本先生、6年生を何とかしてください」という声が、あちこちから聞こえました。「何とかしたいのですが、どうにもできません」私は職員室に帰れなくなりました。まだ6月です。卒業まであと10ヵ月もあります。クラスは崩壊寸前。私の気力と体力が持つか心配になってきました。子どもたちの帰った後、グチャグチャになった教室を一人で掃除し、片づけながら、今までにない激しい疲労を感じる日々を過ごしていました。

4　東条川を見て閃いた

ある日の放課後、一人で教室の整理を終えて、何とはなしに廊下の隅に行ったのです。そして、ふと窓から外を見ると、川の流れが目に入りました。「東条川」という川の流れが。その瞬間、「懐かしいな」という思いと、「これを教材にしよう」という魂胆が交錯し、私は流れをしばし見つめていました。

懐かしいなと感じたのは、私が「川ガキ」だったからです。少年の頃、私は夏になると川に行き、魚を捕ったり、石を投げたり、水泳をしたり、中州に基地を作ったりして、川で1日中遊びました。

「私の大好きな川を教材にしたれ」と閃いたのは、この楽しかった思い出と、教員としての経験による勘です。しかし、今この子たちを川に連れて行ったらどうなることでしょう。水のかけ合いではすみません。石の投げ合いに発展し、けが人の出ることが予測されます。それで、「川に連れて行く前に、何かをしないといけないな」と漠然と考えていました。しかし、どうしたらよいのかまったく思いつかないまま、いたずらに日が過ぎていきました。そんなある日のことでした。

東条川と東条東小学校

5 ミネラルウォーターはなぜうまい

たまたまスーパーに入ると、ミネラルウォーターが入口付近にたくさん置いてありました。その瞬間、これが使えそうだという気がしました。それで、3種類の日本のミネラルウォーターを買い込み、子どもたちに飲ませることにしました。

グルメ時代の子どもたちは、ミネラルウォーターを「おいしい」と飲みました。そして、ある子が「3種類のミネラルウォーターの順番を変えてもう一度出せ。オレが銘柄を当てたる」と言い放ちました。私は「そんなもの当たるはずがない」と思い、順番を変えて出しました。すると、50%の子どもが見事に当てました。まさかこんなにたくさんの子が当てるとは、私は思いもしませんでした。

子どもたちは乗ってきました。このチャンスを逃したらダメだと思い、違うスーパーに行き、また別の3種類のミネラルウォーターを買い込みました。そして、同じようにしてみました。すると、今度は70%の子どもが当てました。あまりにも子どもが乗ってきたので、また違うミネラルウォーターを買い込み、やってみました。そのたびに子どもたちの正答率は上がっていきました。私自身は微妙な味の違いがまったく判別できず、一人蚊帳の外でした。

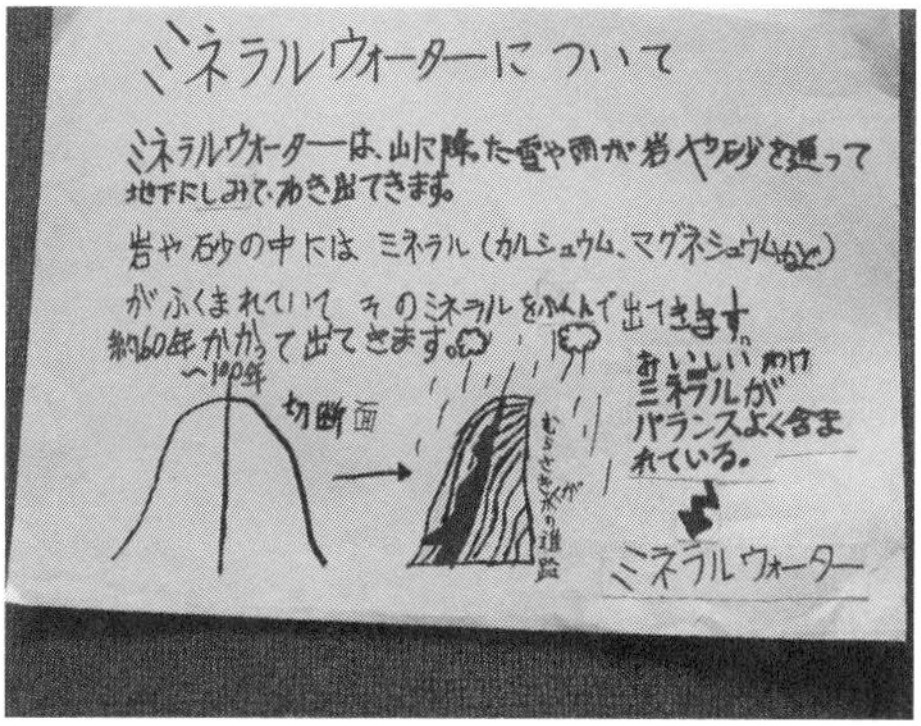

エビアンの説明図

それから、「エビアン」も飲ませました。子どもたちは「くさい」と、はき出しました。その時に、「日本のミネラルウォーターはなぜおいしいのか」、「エビアンはなぜまずいのか」が問題になりました。どうやったらその理由が分かるのかを考えました。そして、「六甲のおいしい水」を販売しているハウス食品と、「エビアン」を輸入販売している伊藤忠に、手紙を出して問い合わせました。

何日かして、ハウス食品からその水のうまい理由を書いた紙と、ミネラルウォーターの膨大な資料が送られてきました。「エビアン」からは、「東条東小学校6年生のお口には合いませんでしたが、世界でいちばん愛飲されています」との返事がきました。その返事から分かったことをまとめて発表するよう、2つの班に指示しました。

「六甲のおいしい水」は六甲山に降った雨水が、10年経って麓にある西宮市に湧き出してきます。その間に六甲山の花崗岩のミネラル分とカルシウム分を適度に吸収し、おいしくなります。「エビアン」は、ヨーロッパのアルプス山脈に降った雨が60年から100年かかって麓に湧き出てきたものです。だから、「エビアン」はミネラル分の含有量が多くなり、エグいのです。

私はこのことを理解できましたが、子どもたちはなかなか理解できないようでした。その一因は、その班の書いた資料が分かりにくかったからです。その班が発表した時、「その発表分かれへんわ」との声が上がりました。しかも、「字が小さくて汚い」とけなされました。班の子たちは質問が来るだろうと予測し、意味の分からない言葉を国語辞典で引き、画用紙に書きだしてはいましたが、自分の言葉にして発表することはできませんでした。それで、相手に伝わりませんでした。でも、子どもたちは自分自身が興味を持ったことですから、そんな発表でもちゃんと聞いていました。

その後、井戸水についても調べることになりました。担当する班の子たちは、初めなかなか調べに行きませんでした。ふだん教室ではとても「元気な」子どもたちなのですが、大人にインタビューをしたことはありません。それで、どういうふうに挨拶をして、どう聞き出したらよいのか分からなかったのでしょう。『こんにちは。井戸水の調査に来ました』と言って入ったら、ちゃんと答えてくれてや」と言っても、なかなか腰が上がりませんでした。発表の終わった子たちが、「俺たちの班はもう終わった。今度はおまえらの班の番や。早く調べに行け」と促してくれたので、やっと重い腰が上がりました。

そして、調べたことを模造紙に書き、報告しました。その書き方を見ますと、少しずつ成長していることが分かります。しかも、発表では意外な事実が明かされ、おもしろかったのです。というのも、井戸は昔ほとんどの家にあり、その水は夏冷たく冬温かくておいしかったといいます。それなら、どうして水道に切り替えたのかが問題になりました。

それと、一人の男子が、井戸水を1リットルのペットボトルにつめて持ってきて、みんなに飲ませてくれました。みんなは興味津々で飲みましたが、オレンジジュースの味がしました。不思議に思ってその男子に聞きますと、オレンジジュースのペットボトルはよく洗いましたが、キャップを洗うのを忘れたといいます。子どもたちは、キャップに残っていたオレンジジュースはごく少量なのに、味に大きく影響することに驚きました。

6　水道水はなぜまずい

それからミネラルウォーターと水道水を飲み比べさせました。最初にミネラルウォーターを飲んでから水道水を飲ませました。すると、「まずー」と子どもたちは吐きだしました。ふだんは何も思わずに水道水を飲んでいますが、ミネラルウォーターの後に飲むと、とてもまずく感じてしまいます。それで「ミネラルウォーターはおいしいのに、水道水はなぜまずいのか」という学習課題ができました。

女子のある班が東条の水道事業所に行き、インタビュー結果をまとめて報告してくれました。この

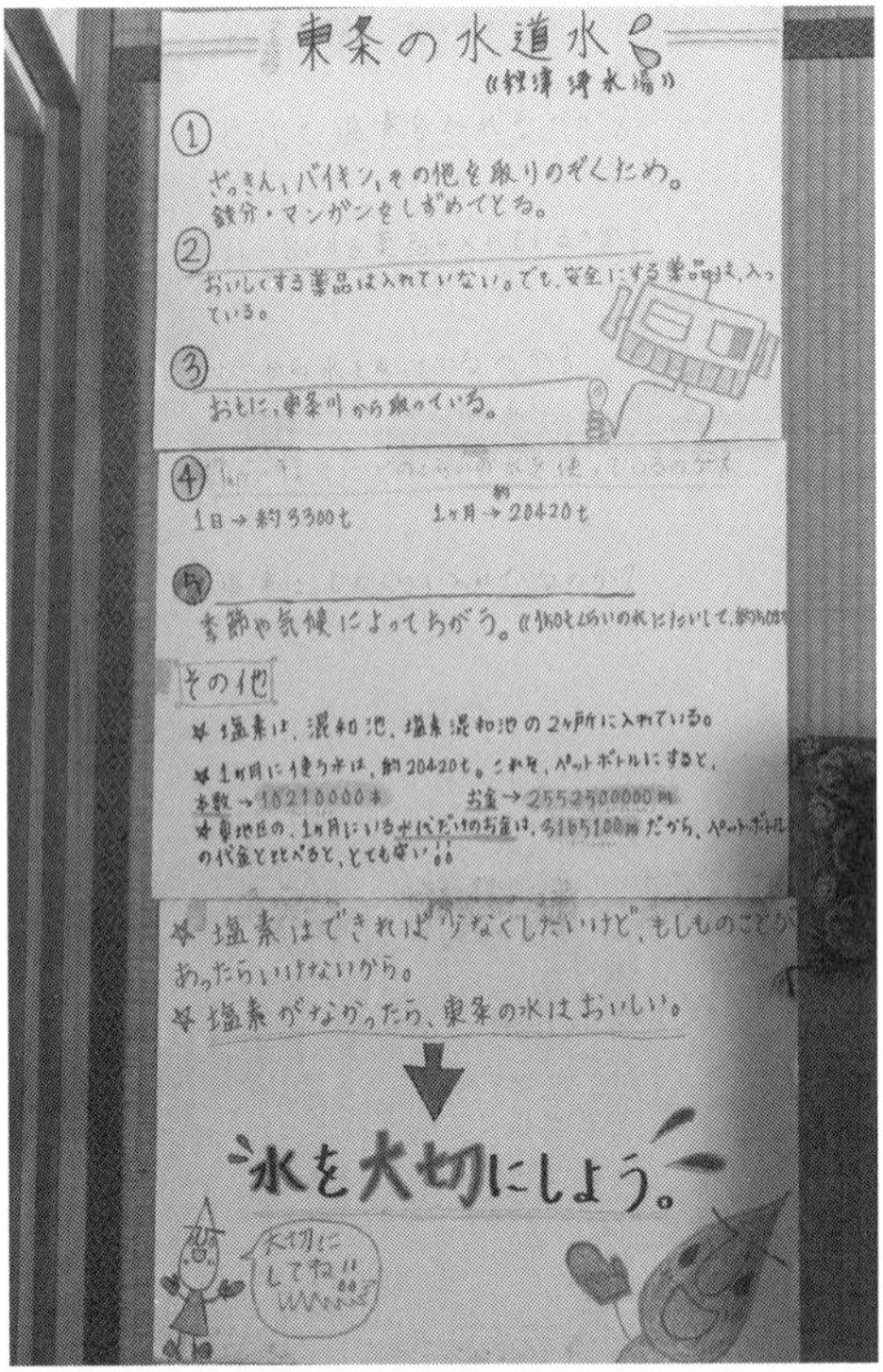

水道事業所の報告

報告の書き方は前より一段と進歩しています。①②③④と整理して箇条書きになっています。図やカットも入っていて、分かりやすくなっています。しかも、一ヵ月に町民の使う水道水をミネラルウォーターに変えると、水道代が25億円になると計算しています。子どもって本当にすごいです。

最初の発表からこの報告までを概観しますと、子どもたちがずいぶんと進化していることが見えてきます。最初の報告は自分の言葉で発表できませんでした。だが、回を重ねるにつれて、だんだん自分の言葉に置き換えて発表できるようになっていきました。それをそばで見ていて、「子どもって自分で学習する動物なんだな」と思いました。それまでは、「先生が教えたらな、何もできない」と思っていました。ところが、本当はそうではありませんでした。子どもは知りたいことや表現したいことがあったら、大人以上にうまく調べてまとめ、表現することに気づきました。

それに、「教科書の内容を一方的に教え込むよりも、子どもが自分で学習課題を作り、自分たちで調べた方がおもしろい学習になるし、トータルするとその方がいろいろな能力がつくんだな」と思いはじめました。私はこの段階で、この「東条川学習」は学習に十分なりうると思い至りました。

「水道水はまずい」と子どもたちが言った時、水道事業所のおじさんが、こんなことを言ってくれました。「水道水がまずいのは、原水である東条川がすごく汚れているので、塩素を大量に入れているからだ。自分たちは塩素を減らしたいのだが、川の汚れがひどいので、やむをえずやっている」と。

7　東条川は汚れているのか

今度は「東条川はそんなに汚れているのか」が、学習課題になりました。そして、自分たちでいろいろ場所を決め、分担して「東条川の汚れ調査」に行くことになりました。子どもたちは、「透明度」と「ゴミの多さ」、「洗剤や油など汚水の混入」について調べ、それぞれの班が結果を画用紙1枚にまとめて報告しあいました。

この発表会で、子どもたちは「川はやはり汚かった」と報告すると思っていましたが、結果は意外でした。「きれいな方」と報告するグループの方が多かったのです。川の水が黄緑色なのに、多くの子どもたちは「きれいな方」と結論づけたことに、私は驚かされました。

なぜそうなのでしょうか。子どもたちは毎日、東条川を右に左に見ながら登下校します。黄緑色の川を6年間見つづけてきたので、川はもともとそんな色をしているのだと思いこんでいるのではないでしょうか。

これはダメだと思いました。もし、その時私が「東条川は汚れてそんな色をしているんだ」と言っても、子どもたちは信用してくれないでしょう。一部の子は、「先生にとって都合よい結論に導くため、そんなことを言うんだろう」と思うことでしょう。

それで、「みんなのおじいさんで、昔の東条川のことを知っていて、話をしてくださる人はいないか」と、子どもたちに問いました。すると、一人の子どもが、「ぼくのおじいさんが行って話をしたると言っていた」と伝えてくれました。

それで、さっそくそのおじいさんの家に行き、どうしてこのようなことをするのか、今までの授業経過を踏まえて説明しました。それから、そのおじいさんに話してほしいことも丁寧に話しました。

東条川の昔を語る古老

1週間ほどして、そのおじいさんが来て、「昔の東条川はきれかったんやで」と、子どもたちに話してくれました。「6月になるとホタルが帯のようになって光ったんや。それで、みんなが川にホタルを見に行ったんやで。夏になるとな、子どもたちはみんな川に行ったんや。魚を捕ったり泳いだりして、1日中川で過ごしたんや。全員が『川ガキ』やったんや。その頃はプールなんかあれへんから、みんな川で泳いだんや。お母さんは川に洗濯に来たんや。川上で食器を洗う人もいたし、家で飼っている牛を連れてきて、背中を洗う人もいたんや」

東条川汚染地区

その話を子どもたちはポカンと口を開けて聞いていました。そして、子どもたちは言いました。「東条川が汚れたのは、つい最近のことなんやな」と。「そしたら俺たちがきれいにしたる」と言い放ったのです。私は冗談やろと思いましたが、子どもたちは本気でした。学級崩壊を起こすほどのクラスは、ものすごいエネルギーがあります。その子たちが、「きれいにしたる」と言ったのです。私は「うれしいわ。でも、ちょっとだけ待ってな」と言いました。黄緑色に汚れた東条川は、クリーン活動できれいになるとは思えません。それで、まず「川を汚しているものは何なのか」を、この子たちに追究させたいと考えたからです。

8　東条川の再調査

子どもたちが各班で実施した川の調査結果を、きれいな水の所は青〇、少し汚れた水の所は黄〇、汚れた水の所は赤○として、大きな校区地図に○印を貼っていきました。すると、「集落の少ない上の方が汚れていて、大きな集落を通りこした下の方が汚れが少ない」という結果になりました。「それはおかしい」とみんなは気づきました。調査が甘かったと子どもたちは感じたのです。

私が「もう1回調べてきて」と言うと、子どもたちは「行く」と言ってくれました。それで、橋や土手の上から見た前回の調査とは違い、今回は川に下り、水辺まで行って調べること、水の汚れは「昔の東条川」を基準にすることを、みんなで決めました。

川に下りて水面を直接調べた今回、「川の風景が前とは全然違って見えた」と言います。あちこちにゴミが散乱し、洗剤の泡が渦巻いているのが目についたのです。空き缶やペットボトル、レジ袋やアルミホイル、換気扇やテレビまで落ちています。各班の報告を順次聞きながら、「これはダメだ」という気持ちに、みんながなりました。「先生、軽トラが落ちていた。ありえん」と報告した班がありました（この頃から、私は「はげ」ではなくて、「先生」と呼ばれるようになりました）。子どもたちの心に、「東条川はこれではあかん。絶対ダメだ」との思いが渦を巻きだしました。

9　東条川を汚すもの

「東条川を汚しているのは誰だ」と、子どもたちはわめきました。何でも「人が悪い」という子たちですから、最初に「工場が悪い」と言いました。5年生社会科の公害学習を思い出したのでしょう。でも、校区内にそんなに川を汚すような工場はありません。すると、今度は「ゴルフ場だ」と言いました。確かに広いゴルフ場はありますが、それが汚れの主因だとは思えません。それで私は、「自分たちも川を汚していること」を、どうしたら子どもたちが気づくかを考えました。そうしないと、ほんものの環境学習にはならないからです。人を責めるだけの環境学習は意味がないと思います。私は今まで、環境のことを詳しく知れば、子どもたちの環境意識が高まると考えていました。でも、この子たちの発言を聞いていると、原因を特定して、発生元を糾弾すればよいと思っているように思えました。特定の工場が排出する害毒で公害が発生している場合ならともかく、今は自分たちの暮らしそのものが川を痛めつけているのです。「自分たちの暮らしを変えていく」そこに持っていかなくては、解決につながらないと考えました。

それで、東条川からエビや稚魚を捕ってきて、三つのビーカーに入れ、そこに各種洗剤や漂白剤、シャンプーや農薬を入れる実験をしました。その時、子どもたちは「やめたってくれ」と叫びました。私は「これと同じことを、ぼくたちは毎日しているんだ。よく見てほしい。知らず知らずのうちにしていることを……」と言いました。実験直後に「ビーカーの水を替えたってくれ」と子どもたちは叫びました。水を替えましたが、稚魚は死んでしまいました。台所用洗剤では死ななかったエビは、農薬では即死でした。この実験は子どもたちに大きな衝撃を与えました。

それは「魚の入ったフラスコに、洗剤を入れる時いやだった。なぜかというと、死ぬと分かっていたからだ。まず、中性洗剤を入れた。でも、死ななかった。次のシャンプーで死んだ。生活排水はすごい威力だ」とか、「この魚の死はけっしてムダではない。なぜなら、人間の出す生活排水が川を汚し、魚を減らしていることを知らせてくれたからだ」と敏感に感じとったのです。

どうしてこんなむごい実験をしたかというと、川の中に農薬の紙袋や洗剤のプラ容器がたくさん捨てられていたからです。また、洗剤やシャンプーは子どもの家で使っているものだからです。

一方、私は「やめたってくれ」と叫ぶ男の子のやさしさに、大きな衝撃を受けました。彼らの本心はやさしいのです。そんなやさしい彼らが、つい今し方まで、どうしてあんなに荒れていたのでしょう。それが私には大きな疑問となりました。

10　川を汚さない生活を

子どもたちは、この実験の本意を読みとりました。そして、自分の行動を変えました。習字の時間、手本を一人一人に書く時、女子の背後に立っても、リンスや洗剤のにおいがまったくしなくなりました。それはリンスをやめ洗剤を変えたからでした。男の子たちは、毎日同じ服を着てくるようになりました。（もちろん下着は替えているのですが）その理由を聞いてみますと、「洗濯の量や回数を減らすことで、洗剤の使用量を減らしたい」と答えました。私は何も指示をしていません。それなのに、子どもたちの多くがそうしていました。他にも、湯飲みを洗うのは水洗いだけ、洗濯は粉石けんに変えたそうです。中には、台所の中性洗剤を薄め、川の負担を減らそうとしていた子もいました。私や家族の知らない間に、多くの子どもたちはそんなことを始めていたのです。

11　自分たちだけで東条川をきれいにできるか

「みんなよう頑張ってくれた。これで東条川はきれいになるかな」と私は言いました。すると、みんなは「ならん」「ぼくらだけでやってもダメだ」と言いました。「どうしたらいいねん」と私は聞きました。「もっとたくさんの人でやらんとダメだ」と、子どもたちは言いました。それで、「どこに協力を呼びかけるの」と私は聞きました。「隣のクラス」とある子は言いました。多くの子は賛成しましたが、すぐ反対が入りました。それは5年生から6年生の初めに、隣のクラスの子たちをいじめたり、嫌がることをしたりしてきたからです。だから、「絶対に協力してくれない」と言いきりました。私は「本当にその通りやなあ。えらいことをしてしまったなあ」と言って、その場は終わりにしました。

私は隣の担任に東条川学習の様子を常に話をしていました。そして、「いつかは共同で東条川学習をしたい」との思いを共有してきました。そして、ついにその時が来たことを話しました。それで、「1組の子たちが2組の子に、今まで自分たちのしてきた東条川学習を報告し、『一緒にやりませんか』と呼びかけますので、賛成するよう指導してください」とお願いしました。すると、隣の担任は、「その下準備をちゃんとしておきます」と言ってくださいました。

12　隣のクラスは協力してくれるか

その発表会を持ちました。その日の子どもたちはすごかったです。司会、進行、報告、そのすべてを自分たちで当たり前のようにしてしまいました。私はカメラを持ってウロウロするだけでした。発表後、隣のクラスはたくさんの質問をしてくれました。子どもたちは丁寧に答えていました。そして、隣のクラスの子が、「よくここまで調べたな」「東条川の汚れがひどいことがよく分かったわ」「これから、ぼくたちも東条川をきれいにするため協力する」と言ってくれ、子どもたちは自信を持ちました。

子どもは本当に自分のやりたいことがあったら、どんどんやるんだなと思いました。私の指示なんか邪魔になるだけでした。子どもたちは学級会を開いて、まず「司会者」を募って決め、次に発表の分担も自分たちで決めました。もう教科の学習時間は使えませんので、発表準備の時間がとれませんでした。「どうしたらいい」と私がたずねますと、「発表会の日だけ決めてくれたらいい。後は自分たちでするから」と言いました。私はそんなことでできるのか心配でしたが、ちゃんとできていました。私は本当に驚きました。５年生の学級崩壊は何だったんでしょう。

13　保護者の協力は得られるか

今度は参観日を利用して保護者に訴えることに決めました。たまたまその日に、私はハワイに無料で行ける機会を得ていました。ハワイに行くか、旅行を中止して参観日にいるかどうか迷いました。子どもたちに相談しますと、子どもたちは「先生は無責任や」と言いました。「お土産買ってくるから許して」と言いますと、「ハイOK」ということになりました。「私は子どもたちに任せられる」と判断し、ハワイに行くことにしました。その時いちばん慌てたのは校長でした。参観日に担任が休むなどありえないと思ったのです。でも、校長は3ヵ月前に私の海外旅行届にサインをして、「教育委員会」の許可も下りていました。参観日の日程は後から決めたのです。校長はもう取り消せません。

当日お母さんたちは「担任のいない参観日なんて初めてだ」と、怒って学校に来ましたが、子どもたちは頑張りました。自分たちで45分間の授業をやりとげてしまいました。それを見ていたお母さんたちは、「5年生の時にボロボロになってしまったのに、よくここまで立ち直った」と喜んで帰られたそうです。それで、私が参観日を休んでハワイに行ったことは、何も問題になりませんでした。

参観日に水の授業を受ける保護者たち

14　とてつもない教育をやりとげた

3学期になると、クラスは和やかでした。1学期のとげとげした雰囲気はもうどこにもありませんでした。学級遊びでドッジボールをしても、相手の能力を考え、受けられるか受けられないかのぎりぎりのスピードで当てるのです。そして、相手が受けると、みんなが拍手しました。子どもたちのその変容に、私はただ驚くばかりでした。

その時私は、今まで自分の実践してきた「学力」をつける教育のほかに、「もう一つの教育」があることに気づかされました。だが、その自分も受けたことのない、その時まで自分も実践したことのない「もう一つの教育」とは何なのかが、よく分かりませんでした。ただ、自分が「とてつもない教育をやりとげた」という実感だけはありました。

15　全校生に訴える

その後にもう一つの発表会を企画しました。それは、全校生に向けてのものです。子どもたちが「全校生で東条川をきれいにしよう」と呼びかけようと考えたからです。しかし、卒業を目前にして、そのために使える時間はもうありませんでした。「どうする」と聞きますと、「昼休みを全部使ったらいい」と言ってきました。せっかくクラス遊びを楽しめるようになったのに、そんなこと本当にするんかなと思いましたが、みんなは昼休みにその準備を始めました。

このクラスには、もともとお笑いの「吉本興業」に無試験で入れるのではと思うような「おもしろい」子がいっぱいいました。昼休みに教室に行くと、その子たちが脚本を書いていました。昔の東条川はむちゃくちゃきれいでした。それに対して今の東条川はすごく汚れています。その一事象として、東条川でうんこをするという場面が描かれていました。そんなものほんまに演じるのかと思っていたら、一人の男子が自分がすると言いました。そんなシナリオを見て、さすがに女の子は「ようせん」と辞退し、男子だけで演じることになりました。女子は舞台道具を作って協力することになりました。

数日が過ぎ、「劇が完成したから見に来い」と、職員室にいた私に体育館から使いが来ました。それでついて行くと、体育館の中程に椅子が一つ準備してありました。そこに座って見てくれというサインです。私のために椅子を準備してくれたことに感激して座りました。劇が始まると、椅子に座っていたのは最初の30秒だけでした。後は椅子から転げ落ち、笑いこけていました。吉本バージョンのおもしろいシーンの連続で、笑いがこみあげてきて息苦しかったのです。でも、その笑いの中に、笑えない「東条川の今」をあぶり出していました。それを見て、今の子はすごい表現力を持っていることに気づかされました。

「東条川の今」を劇で訴える

そして、全校集会を臨時に開いてもらい、6年生両クラスが発表しました。私のクラスの劇を見て、全校生は笑い転げていました。その時女子は、舞台の幕の隙間から全校生の様子をじっと見ていました。男の子たちの演じている劇の真意が、きちんと受け止められているのかを観察していたのでした。

一方、隣のクラスは、どうして東条川が汚れてしまったのかを模

東条町役場課長との話し合い

造紙に書き、格調高く報告してくれました。この集会では、このようにクラスのカラーが見事に表れました。そして、両者が相まって東条川学習が全校に広がる大きな契機となりました。

「これで東条川の校区内はきれいにできるが、校区の上や下はきれいにできないな。どうしたらよいの」と私が問いますと、子どもたちは「環境省に行こう」と言いはじめました。私はとんでもないことになりそうな予感がしたので止めて、新聞社を呼ぶことにしました。それで、東条町役場の課長が来校する時に、記者が来てくれることになりました。

その日子どもたちは、「東条川がこんなに汚れていることに、大人は責任を感じないのか」と課長に激しく迫りました。課長は「東条川をきれいにしてくれてありがとう。大人も頑張る」と言ってくれました。それから子どもたちは、「役場南側の川岸がゴミだらけだ」と厳しく追及しました。それに対して、「すみませんでした。君たちの気持ちはよく分かりました」と課長は答えてくれました。

それを見ていて記者は驚いたと言います。それは、子どもたち全員が真剣だったからです。こういうケースは、しゃべっている子だけが真剣で、それ以外の子はうつむいて別のことを考えたり、聞いていなかったりするのが普通なのだそうです。それに、厳しい質問をすることにも驚いたと言います。この会が終わって、「新聞記者に言いたいことのある人は……」と私がたずねますと、ほぼ全員が手を上げました。それで、新聞記者は「それは無理だ。代表を5人に絞ってほしい」と言いました。私は泣く泣く5人に絞りましたが、選から漏れた子は教室への帰り道、不満をぶちまけました。それだけ聞いてほしいことが、みんなにあったのでした。しぶしぶ教室に帰って、記者の取材に応じた5人が帰ってくるのを待ちました。その時何人かが帰ってきませんでした。それは、5人のインタビューが終わった後で記者を取り囲んで、「しっかり記事を書いて、自分たちの思いを伝えてくれ」と迫っていたのでした。そのことにも記者は驚いたと言います。そして、記者は裏付けをとってから、丁寧な署名記事を書いてくれました。

ちなみに翌日、役場南の川岸はきれいになっていたそうです。子どもたちは、「言ってみるもんやな」と笑っていました。

子どもたちは卒業式で、「東条川学習はおもしろい。ぜひ全校でやってほしい」と呼びかけて、卒業していきました。

おわりに

この1年、私は筋書きのない青春ドラマを、子どもたちと演じているみたいでした。そして、子どもは本当はやさしいのに、何かの拍子にそれが怒りや暴力となって出てくることがあるんだなと思いました。また、学級崩壊をするクラスはものすごいエネルギーを持っていて、それをよい方に向ければ、ものすごいパワーになると思うようにもなりました。

一方、自分たちで学習課題を作り、インタビューをしたり、専門家などから教えてもらったりして自分たちで解決し、それを行動や表現につなげる教育は、子どもたちを真剣にし、人の話を聞いたり自分の思いを表現したりする力を、うんと伸ばすことに気づかされました。その中で、子どもたちが学んだり、協力したりするよさやおもしろさを味わい、人に対する信頼感を取り戻し、人間性を回復していくことにも気づかされました。

今まで私は、おもしろい教材を用いて工夫して教えれば、子どもたちは意欲的に学ぶはずだと考えてきました。確かにその面はあるにしても、今回は完全に違っていました。子どもたちは、ミネラルウォーターや水道水、東条川の水を教材に自分たちで調べ、その結果をみんなに報告しあいました。それをもとに、みんなで一定の結論を導くとともに、次の課題を見つけていきました。それを繰り返して、自分たちで一つの学びを創り上げたのでした。まさに「行動主体」[2]へと子どもたちは成長していったのです。

しかも、真冬の川に入って東条川クリーン活動をしたり、「東条川をきれいにしよう」という手作りのビラを校区全戸に配布したり、新聞記者の取材を受けたり、保護者や全校生に自分たちの学びを伝えたりと、積極的かつ行動的に活動していったのです。そして、「東条川をこれ以上汚さない」と、自ら生活を変えるとともに、地域をも変えていったのです[3]。

この過程で、学級も劇的な成長を見せたのです。それは、「東条川をきれいにする」という目標ができ、いろんな活動をするたびに、みんなの中に「協力、共同する」関係ができあがっていったからです。

それはまず、自分たちの作った学習課題に対して、各班で一所懸命調べてきたことを伝える言葉が、互いの心に響いたのです。それに、すぐれた報告をしてくれる友に対して尊敬の念も生まれてきたのです。また、様々な集会を準備している際に、友のアドバイスを聞いて報告の仕方を変えると、自分の思いがより伝わることを実感したり、自分一人ではできないことを、班やクラスですると思いのほか簡単にやってしまえることに気づいたりしたのです。その中で、子どもたちの間に「聴き合う関係」[4]が、自然に構築されていったのです。こうなると、クラスは安定します。

このように、東条川学習という環境学習は、子どもたちにとって教員に教えてもらう「教育」よりも、はるかにおもしろいと感じる「学習」となったのです。そして、楽しんで学びあい、自分自身もクラス全体も大きく成長させたのです。

このような環境教育を全国でしていけば、日本は大きく変わることでしょう。そして、子どもたちも、学ぶことのおもしろさ、楽しさを体得しながら、環境を変えるために行動してくれると確信しました。しかも、学級経営もやりやすくなり、クラスも落ち着きます。また、教科の学習も進んでやるようになり、成績も向上してきます。おまけに教員の力量も大きくアップしていきます。

このような良さのたくさんある環境学習を実施しない手はありません。

引用文献
（１）門脇厚司『学校の社会力』（朝日新聞社、２００２年）89頁
（２）大森享『小学校環境教育実践試論』（創風社、２００４年）11頁
（３）同前、79頁
（４）佐藤学『学校改革の哲学』（東京大学出版会、２０１２年）１２７頁

参照文献
岸本清明「学級崩壊を越えて」稲垣忠彦編　子どもたちと創る総合学習Ⅰ『学級崩壊を越えて』（評論社、２００１年）
岸本清明「小学校における環境教育の実践」横浜国立大学教育人間科学部環境教育研究会編『環境教育』（共立出版、２００７年）
岸本清明「学級崩壊から総合学習へ」枝廣淳子編著『地球のセーターってなあに』（海象社、２００２年）

第2章　東条川学習の誕生まで——岸本清明・安藤聡彦との対話から

本章では、東条川学習が誕生するまでの筆者の足取りを、安藤聡彦さん（埼玉大学）のインタビューを通して明らかにします。その意図は、教員が「自分の教育」を創り出す背景やその過程をあぶり出そうとするものです。

1　「教育加東」で育つ

安藤　これから岸本先生ご自身の歩みについて、うかがってみたいと思います。というのは、本書に記されている先生の「総合学習としての環境学習」は、一朝一夕にしてできあがったのではなく、教員としての先生のお仕事の集大成として徐々に形づくられ、展開されたというふうに見えるからです。そこに至るまで先生が何を考え、何を実践されていたのか、それらをご自身がどのようにふりかえられ、新しい実践を展開されていったのか。そのプロセスを理解することがとても大事だと思っています。では、早速ですが、まずは先生ご自身の学校経験からお話しいただけますか。

岸本　私は１９５１年生まれですから、小学校に入ったんは１９５０年代の中頃ですね。まだ戦後の貧しさが至るところにありましたね。農村やから食べる物には不自由していなかったんですが、今みたいな豊かな生活ではないですよね。私の家は、神社幕、幟《のぼり》を生産していたんですよ。それに「洗い張り」という着物を洗濯する家業もあって、普通の家よりは豊かな暮らしをしていたと思うんですけれど、農村全体が貧しかったですよね。

当時の小学校には、すごく良い先生がいてはりましたわ。それは何なのかっていうたら、戦後のコア・カリキュラムの影響を受けてはるんですわ。私も勤務したことのある社《やしろ》町立福田小学校では、コア・カリキュラムにもとづく授業を戦後初期に全国に先駆けて、とても熱心になされていたのです。その影響が郡内に反映し、各小学校では授業研究がものすごく盛んにされておりまして、「教育加束」と言われていたんです。

安藤（以下——）「教育加束」が形づくられるのは、どういう要因だったんですか。

岸本　戦争が終わった時点から、「次の教育をどうするか」っていうことを福田小学校（当時は福田国民学校）では話し合われているんですよ。その時に鶴田幸夫先生という、哲学者みたいな校長先生がいてはったんですわ。その人は原書が読めたんですよ。デューイなんかを読んでいたんですよね。だから、敗戦直前から「戦争が終わったら、君たちはどうすんねん」って、そういう話を宿直室で先生方にされていたみたいですよ。先生方にはね、自分の教え子の中には戦死した子もいるわけです。「先生の教育のせいでお兄ちゃんが死んだ」と言う子もおるんですよね。そんな中で、先生方は一八〇度変わる教育に狼狽《うろた》えていたんです。でも、その鶴田校長は「狼狽えてるだけでは駄目だ。新しい教育を創ろうやないか」、そういうことを言うんですよ。

――福田小学校の近くにある社小学校は、子どもとして学んでいると、どこがよかったのですか？

岸本　作文教育やったり、演劇活動やったり、コーラスをしたりと、とにかく表現活動が盛んだったんです。教師が高圧的ではないんですよね。話をよく聞いてくれて、それでよく分かったと言ってくれるんです。

2　神戸大学教育学部へ

――じゃあ、もうその時から小学校の教員をめざしていらしたんですか？

岸本　いいえ、高校生の時です。小学校は良かったんですが、高校教育がひどかったんです。先生たちに全然やる気がなくてね。家の事情でぼくは高校で就職しようと思ってたんですけど、担任の先生だけは凄くええ人やってね、「岸本君、そんなん言わんと大学行け」って、家にまで説得に来てくれたんですよ。両親は、百姓してもらわなあかんと思うてますからね。私は一人っ子なんですよ。だからどないしても家を背負わんとしゃあないから、困ったなと思ったんですわ。でも、神戸大学の教育学部だったら家から通えるかなというんで、教育学部受験を決めました。ところが、「教育学部受ける」って言った時に、別の先生がね「おまえなんか、税務署じゃ」って言うてましたわ。私は、常々先生方に噛みついとったと思いますわ。それで、先生方は「おまえなんか先生になれるかい」って言いましたわ。「ほんならなったるわい」って……それで教育学部に入ったわけです（笑）。

――なかなかダイナミックな進路選択ですね（笑）。で、念願の神戸大での学びはどうでいらしたんですか？

岸本　大学の教育って、学問ばっかりやってるんですよね。今みたいに、教員になるための勉強が一切ないんですよ。もう、ほんまにそうなの。教育哲学とか教育法学とか、教育学そのものとか、現代文学や古典、数学、物理や化学、地理や歴史の内容そのものの講義で、教科教育法は軽視されていたのです。

――例えば？

岸本　教養部の時なんかロバート・オーエンを15回、それだけをやってくれるんです。陸井四郎教授やったんですけどね。私はそれまで空想的社会主義者と、言葉だけ知っていて、ロバート・オーエンが労働者やその子どもの生活を守るために幼稚園や生協を創ったという話なんてまったく知らなかって驚いたんです。しかも、当時オーエンはまったく評価されていなかったけれど、戦後になってすごく評価された話を聞いて驚きましたね。

この講義を聴いてから、今までの受験勉強は意味なかったなと思いはじめたんです。「ロバート・オーエン＝イギリスの空想的社会主義者」これだけ覚えれば、テストで点はとれるけれど、何も学んでいないのと同じだと思ったからなんです。

それ以来、歴史の本を読みはじめたり、奈良や明日香、京都の史跡に出かけたりするようになったんです。ほんものを自分の目で見て、自分で意味や本質を考えなあかんと思ったんですわ。

――なるほど。

岸本　それから指導教官の平原春好先生とか、派手な授業じゃないんですよね。難しい文献を一緒に読んで、戦後日本がどういうふうに教育改革をしてきたかということを、丁寧に話してくれはって。それで卒論で、「教育権は国にあるんではなくって、親ができひんことを先生が代わりにやるんや」みたいなそういう内容を書いたんですけど、それを全面的に支援してくれはって。そういう卒論がやっぱり大きかったですね。だから、卒論は結論だけでなくって、いろんな本を読むって、そういう作業をあの頃丁寧にやってたことが、後で教育学の本を読むのが苦にならなかったというか、そういうことが当たり前にできるようになったと思います。それに卒論で書いた理論をいつか実践してみたいという気持ちを持ったんです。

――そういう学問の基礎の習得、ということの意味はものすごく大きいですね。で、そうやってしっかり勉強しておられた先生が、「やっぱり教員になろう」と思われたのはいつだったんでしょうか？

3　子どもたちに受けいれられる経験の大きさ

岸本　教育実習に行った時でしょうかね。小学校の教育実習は、神戸大の附属小学校を選択するか、それともスキー場のある村岡という兵庫県の山奥の小学校でやるかやったんですよ。そのスキー場のとこの小学校は若い先生いませんやん、みんなベテランばっかりやから、若いエネルギーが欲しかったんでしょうね。だから、５週間受け入れてくれたんです。４年生の担当になったんですけど、そのクラスはちょっとひどかって、荒れとったクラスやったんですけどね。でも、なぜか子どもらと仲よくなれた。「ぼく、先生できるわ」と思いましたね。

――その時は、おうちから通われたんですか？

岸本　いいえ、みんなでスキー宿に泊まって、各学校に分かれて行ったのです。学校に行く時、むちゃくちゃ嬉しかったですよ。私は教員になれるかどうかずっと迷ってきたのに、何となく子どもが受け入れてくれて、やれそうな気がしたからですわ。「おまえなんか税務署や」って言われていたわけですから(笑)。よほど私は突っ張っていたんでしょうかね。教員に向いていないと思うなら、そう言えばいいのに、高校の先生は「おまえには税務署が向いている」と言ったんです。

――不安ですよね。ましてや、負のレッテルを貼られているわけですから。大きいですよね、そういうことの意味って、若い時は。

岸本　それで、先生なれるかなってずっと思ってたんですよね。私の行った学校は、1クラス20人くらいだったと思います。私が行ったのは、それでもまだ大きい方の学校やったんですけど。2クラスありましたからね。それで、私の入ったクラスは学級崩壊していたと思うんです。子どもが先生に信頼感をぜんぜん持ってなかった。それでも、私らみたいな若い学生に寄ってくるしね。そして、いろんな話をしたんです。そういう中で私は「先生になれそうやな」って思うたんですよ。

――それは何でしょうか？　こう「先生になれそう」だっていう感覚の根っこは？

岸本　子どもに受け入れてもらえるかどうかって、大きな不安と期待を持ってきている時に、子どもからいろいろな話をしに来てくれるわけですから、「受け入れてもらえそうや」って思いましたね。でも、本当はまだお客さんみたいな扱いでしたから。たった5週間ですからね。

――やっぱり教育実習の経験は大きいですね。うちの卒業生たちの話を聞いていても、実習の時ぴたっとくるかこないかって決定的だなって思います。初めて教壇に立って、子どもたちと向き合った時に、何ができたかできないかって、大きいんでしょうね。

岸本　そうですね。

4　農村社会で生きるということ

――時代は高度経済成長の頃、男はやっぱり「経済」で、どこかの会社の方がいいとか、そういうことはあったんですか?

岸本　私自身はそういうことはなかったですね。私は農村社会に生まれてきたから。農村社会で生まれ、農村社会で育ち、農村っていうものに対して、「嫌やな」という感覚はあったんやけれど。どうせ自分はここで生きてかなあかんねんから。会社に勤めよういう気は全然なかったですね。

――農村を嫌だなと思いながらも、農村で生きていくっていうのはどういうことですか?

岸本　当時の農村はね、古いんですよ。年寄りが支配する社会なんです。若いもんは発言権ゼロなんです。一部の人が、区長、会計などの役員を10年も20年もするんですよ。他の人は発言権なしで、長老支配。そういう社会なんです。まさに封建社会なんですよね。嫌だなって、ずっと思ってたんです。なんでやねん、って思ってたんですけど、ある時こんなことがあったんです。ある農家の旦那さんが病気になりはった。それで、田植えができなくなった。その時長老が出てきて、「みんな集まれ」

言うて。「何で集まれ言うとんかな」と思って集まったんです。

――いつ頃のお話ですか？

岸本　小学校の高学年かな。そしたら、「今からこの家の田植えをする」って言う。信じられへん。よその家の田植えをするってあり得ないですよね。自分の田んぼはするけど。田植えはしんどいですやん。よその家の田植えなんてしたくないわと皆思ってたんですよ。それなのに、長老は「今からせぇ」とだけ言うて、理由も何も言わんのです。しゃあないですやん。それでみんなして田植えをして、田んぼから上がったらね、そこの奥さんがね涙を流してるんです。「あぁ」って。こういうことを長老はちゃんと見こしてたんだなって思いましたね。こないして村が生き延びてきてるんですよね。

――村が持続するための政治の現場に立ち会った、ということですね。

岸本　衝撃でしたね、やっぱり。嫌な嫌な農村、肉体労働、重労働。台風がきたり大雨が降ったりすれば、川の井堰の上の土俵が流れてしまうんですよ。すると、用水路に水がこなくなってしまう。それで、川に行って砂袋に砂をいっぱい入れて、井堰の上に土俵を積み直す。そういう作業をしてたんです。「男は60 kgの米俵が担げないと一人前でない」って言われてたんです。それで米俵を担ぐ練習をしていたんですが、砂袋はやっぱり重たいんですよ。

――60 kgですか、力士の世界ですね。

岸本　それができないと一人前でない。井堰の土俵が流されたら、当たり前のように招集がかかって、みんなで川に行くわけですからね。そんなん嫌やなってずっと思ってたんだけど。いやぁ、拒否できへんのです。共同体なんですよね、長老支配の。今なら業者にお金を払ってしてもらうけど、当時は自分たちで当たり前のようにやっていたんです。長老は好き勝手言っているように見えて、実は細かな配慮をしていたり、村民の困りごとに解決法を示したり、長期的な展望を持って村の舵を取ったりしていることも、少しずつ分かってきたんです。

——先生のお仕事の土台にある地域像を語っていただいたように思います。地域を大事にするって時に、地域に生きていく者としてのある種の覚悟っていうか当事者性っていうか。

岸本　それはもう脳裏に刻まれましたね。やっぱり大きかったですね。

5　教員になって

——さて、そうした模索の中で教員になるという選択をされ、新任教員になられるわけですが。最初はどちらの学校でいらっしゃったんですか。

岸本　東条町立東条西小学校です。その頃はベテランの偉い先生、のちに教育長や校長になる人がたくさんいたんです。「岸本君、好きなようにしていいよ」って、「どうせ教育なんて新任の子にはできないからね」って。

——今は最初から完成された「先生」じゃなくちゃいけないですからね。そこは本当に違いますね。学校現場に軟着陸することが難しいんですね、今の若い教員たちは。

岸本　「新任さんは子どもと遊んだって、それしかできひんでしょ」「1年経ったら、来年はわたしが君のクラスを担任して元に戻すから」って言うて。「ありがとうございます」と言うのと同時に、やっぱり、むかっときましたね。そこまで言うかって。

――でも、それだけ支えられるって大きいですよね、やっぱり。

岸本　今思うと、先輩教員の言う通り子どもと遊んだことが大きかったんです。昼休みと放課後、ほとんどの日に子どもと遊んでたんです。その中で子どもといっぱい話し、楽しい時間を共有してたんだと思うんです。それで、授業研究や参観日には、私に恥をかかさんように、子どもたちがいっぱい手を上げ、盛り上げてくれたんです。学級会や朝の会、終わりの会なども自分たちでやってくれたし、授業も「前の先生はこうしていた」と言って、助けてくれたんです。だから、何も知らない新卒でも、やっていけたんやと思うんです。

ただ、同和教育の高揚期だったので、当時の現場は授業研究も参観日の公開授業も、同和教育ばっかりでした。私はちょっと違うなと思っていました。というのも、私は大学のサークル活動で、神戸市の同和地区で子ども会活動をやってたんですけど、学校のとは違う方針でした。そこでは、「地域そのものをよくしていかないと、意識も変わらへんし、同和問題解決せぇへん」って考えてました。それで教育観の違いがネックとなり、その5年間私は孤立してましたね。

6　職場の外に学びの場を求める

――民間教育研究団体との出合いは学生時代でいらっしゃったのですか?

岸本　教員になって、自分で駄目だって思ったんでしょうね。この学校では授業を誰も教えてくれへんわと思うて。国語の授業をどないして作るのかも教えてくれへんし。それで、私と同期に就職した人が作文の会やってまして、兵庫県の民間教育研究団体の研究大会がありましたから、誘ってくれてそこに行ったんです。そしたら、森垣修先生や岸本裕史さんがおられて、若い先生がたくさん参加していましたね。ものすごく活気がありました。

――それは教員になって何年目くらい？

岸本　3年目くらいですかね。

――先生は岸本裕史実践を積極的に受け止め、「落ち研」にしっかり学んでこられましたね。

岸本　岸本裕史実践の根幹にある「できひん子を大事に」いうのは、どこの学校でもずっと言われてることです。私のいた学校でも、差別されてたりする子たちを大事にせなあかんいう点は一緒でした。岸本裕史の提起した実践はね、すぐ真似できるんです、方法論的にはね。何でも習熟ですやん。数をこなせばできるわけです。岸本裕史の実践には、本当はもっと奥の深いよい実践がたくさんあるのですが、岸本裕史氏は落ちこぼれをなくしたいと、あえて運動論的に、すぐまねのできる実践を提起したのです(1)。

――それに対して、森垣先生はかなりタイプの異なる実践家でいらっしゃいましたね。当時、森垣先生は日本の「地域に根ざす教育実践」をリードしておられたと思うのですが、その森垣先生を若き先生はどのように見ておられたのでしょうか？

岸本　やっぱり素晴らしかったですね。地域のお年寄りを教室に招いて、それで、子どもとお年寄りが一緒に社会科の授業を作る。で、お年寄りもすごく喜んで「子どもの役に立てた」いうて。子どもは子どもでお年寄りから生の地域の歴史を学ぶっていう。小学生がそのお年寄りが亡くなった時にお葬式に行って弔辞を読んだとか。そういうこともされてたみたいで。本当に地域と一体になった学校づくり。ここにも一つの教育の原点があるなっていうような思いはあったんですけど。でも、真似できひんなって思って。

――「真似できない」とは？

岸本　よい実践やなって、やりたいなって思うのは思うねんけど、自分の学校に帰った時にできるかなっていうと、無理やなって。お年寄りとどないしてコンタクト取ってええか分からへんし。お年寄りってどんな経歴を持ってはる人なのか分からないでしょ。だから、どんな話が聞けるか分からへんから、やみくもにお年寄りに頼っても駄目ですからね。だから、子どもに話のできる人。どの人が適役かって、教室に入ってもらう前に、こっちが判断せなあかんわけですよ。だから、お年寄りを見る目がいるのです。

――「お年寄りを見る目」ですか。それを養うには時間がかかりますね。

岸本　だから、まだ教室の中でしか、教科書でしか勝負できてないですよね。若い頃っていうのは教室の中だけ。

――先生はたくさんの民間教育研究団体に参加されたようですが、とくにどの団体での学びが大きかったですか？

岸本　やっぱり教科研ですね。ずっと参加してましたね。ただ若い頃は話を聞くだけで、喋る機会はなかったですね。喋れるようになったのは40代後半ですね。やっぱり教科研は、自分自身の実践がないと駄目ですね。教科研は本格的なきちっとしたとこや思いますわ。

7　子どもが成長している実感の持てなかった時代

――先生が教員になられた1970年代半ばとご退職された2010年頃との間に、子どもや学校の様子は激変したのでしょうね。

岸本　何よりも地域ががらっと変わってしまったんですね。1974年に教員になって家庭訪問した時、お母さん方が真っ先に言いはるのは、「うちの子、みんなに迷惑をかけてませんか?」って、どの家でも言うてんですよ。第一声がそれでしたわ。それがいつの間にか「うちの子落ちこぼれてませんか?」に変わりましたね。もう、見事に変わるんですよ。「落ちこぼれ」がお母さん方の何よりの関心になってたんでしょうね。80年代くらいだったと思います。それで2000年前後から「うちの子いじめられてませんか?」に変わりましたね。社会が荒廃していったんでしょうね。

――加東でもそうだったんですか。

岸本　教え子が社《やしろ》中学校で荒れるっていうことがありましたね。3階から下に机を放ったりね。こんな七つのボタンつけた学生服着たりね。教頭が「自分の教えた子がどんなふうになってるか見て来い」と言ったので、中学校に見に行ったんです。そしたら、もう、私らに目を合わさない。私が「おい」って言うても、知らん顔してますよ。で、その夜に彼の家に行ったんです。ほんなら「やぁ先生」言うて。何やねんって。中学校で会うたら虎やったのに、家帰って出会うたら猫になってた（笑）。

――学校が子どもたちにとって生きづらい場所となっていったんでしょうね。

岸本　今までの教育を変えなあかんいうのは、もうその頃からずっと思うてましたね。授業のベースとしてきた岸本裕史の習熟論も、その辺で限界が来たんでしょうね。やっぱり、子どもをただ「できるようにする」だけでは荒れは止まらない。習熟論を極端に言えば「勉強をできるようにすればいい。勉強ができるようになれば、自分を大切にするから荒れへん」みたいな話やったんですけど。でも、「ちゃうなぁ、何かもっといいのんがあるんちゃうか」と思ったんです。でも、それは一体どんな教育なのかがまるで見えてこない。

それで暗いトンネルに入ってしもうたんです。その後は気分的にはサブマリン（潜水艦）ですわ。もう、まさに、海底に沈んでるっていう。自分がどっちに行ってるかすら分からない。もう、闇の世界でしたね。しかも、永遠に浮上できへんかもしれないという恐怖感もあったんですわ。

――それは結局、授業やっても自分で納得できないということですか？

岸本　そうですね。1時間、1時間、授業は楽しくできても、空しさが残るんですわ。

――なぜ、空しいんですか？

岸本　確かな手応えが返ってこなかったからでしょうね。子どもが成長してるっていう実感もないし。だから、子どもとの関係が悪くなってたんでしょうね。こっちは、教える技術だけは、ものすごくついてますやん。民間教育研究団体で学んできましたから。で、「教育をしよう」としてたんですけど、受ける側が「もうそんな教育いらん」いう感じ。ニーズが合っていないんですわ。

――どういうことでしょうか。

岸本　「一所懸命勉強してるんやけど賢くなれてない。自分の本当に受けたい教育ではない」ていう感覚が子どもにもあったと思うんですよね。ほとんどの子どもが、そういう思いを持ってたんとちゃいますかね。

――勉強してるけど「賢くなれてない。おもしろくない」っていうのは、どういうことですかね？

岸本　自分の成長につながってないっていう……。

――子ども自身も成長している実感が持てない？

岸本　そう。「学校に来て、みんなと遊ぶのは楽しいけど、勉強なぁ」とか言うて。「受験に必要やから、せなしゃあないのは分かんねんけれど、それではなぁ」っていうのが、あったんちゃいますかね、子どもに。私ら教員にはまだ「学習指導要領で教えなあかんノルマ」が課せられているだけ、そういうのを考えなくてもいいんやけれど。わけの分からん勉強、次から次にさせられる子どもたちにとったら、たまったもんじゃなかったんとちゃうかな思うて。ちょうど、私が高校の先生から受けたような感覚ですわ。

一方、面白いものがいっぱい出てきましたやん。一つはゲーム系のやつとか。あとテレビもバラエティとか、そういうものの影響は大きいですやん。昔は学校の勉強が世の中を知る主な手段やった。学校で世の中を知ったり、違う世界を見つけたりすることもあったんですけど。今はもう他にソーシャルメディアがけっこうありますから。子どもらの価値の多様化が進んでたんじゃないでしょうかね。「吉本の芸人にあこがれ、芸人になりたい」という6年生も出てきていました。

――30代半ばを過ぎて教育実践の力はついてきた。でも、「子どもが成長しているという実感」を持てない。それで、先生はどうされたんですか？

岸本　そうですね、探してたと思うんですよ、どっかに本物の教育あんのんちゃうかって。ずっと探してたと思うんですよ。見つからへん苛立ちを持って。その頃担任したクラスでは、何をしたのかあまり覚えてへんのです。子どもと一緒になって、楽しい実践を創り上げてへんのですわ。子どもたちをのせようと、いろいろ仕掛けたんでしょうが、子どもがのってこなかったんですわ。今思うと、私が無理矢理引っ張るような感じで、子どもたちが嫌がって引いてしもたんやと思います。そのことに私自身も苛立ち、よけいに溝が開いたんですわ。そんな年が続くと、ほんまにどないしていいか分からへんかったですね。

――シンドイですね、そういう時は。その時代の先生を支えたのは、「一つはほんものの教育をしたい」っていう意志だと思うんですけど、他にはどういうものがあったっていうふうに思われますか？　何が先生を支えたんでしょう？

岸本　それは、一緒に寄り添うてくれる子どもや親がおったんですわ。どんなクラスにもね、いるんですよ。それがむっちゃ、ありがたかったですね。

――「寄り添ってくれる子ども」!?　教員が寄り添うんじゃなくて、子どもが教員に寄り添う？

岸本　そうなんです。そういう子から元気もらってたんでしょうね。もちろん両方なんでしょうけど。だから、私はその頃、鬱にならなかったのは、そういう子がいたからですわ。ええ、複数のね。

☆私の教員としての危機を救ってくれた一人の女子とその母親

35歳の時に、もう少しで退職に追い込まれそうになったことがあるんです。それは異動してすぐ6年生を担任した年のことやったんです。5年生から続くクラスに、ひどいいじめが続いていて、一人の男子と女子が毎日いじめられていたんです。クラスの子どもは自分にいじめが向くのを恐れ、いじめに荷担するか、知らんふりをしてたんですわ。

私は異動してきたばかりで、誰がそのいじめを指示しているのか、まったく分からんかったんです。それで、私は学級通信を始めて「いじめ問題」を取り上げたんです。初めのうちは誰もほんまのことを書かなかったんですが、そのうちにいじめのことを書く子が出てきたんです。

そうなると、いじめをしてきた張本人の親たちが騒ぎはじめ、陰で教育委員会や校長に圧力をかけてきたんです。校長はいじめのことを知ってたんだと思います。圧力があったことを私に一言も言わなかったのですが、相手が地域の有力者だったので、大変困ったと思います。

秋の日のある放課後、一人のお母さんが私を訪ねてきたんです。「先生、通信に書かれていることは事実ですか。全部先生の作文だと娘は言っています」と話されたんです。「通信は子どもの作文を転記して作っています。私の作文は冒頭だけです」と私は答えたんですが、それ以上話が進まず、そのお母さんは帰られたんです。

翌日そのお母さんの娘を呼んだんです。すると、彼女は「私は先生の味方できない」と言って、泣いてしまいました。私は「それはそうやな。それでいいから、ただお母さんにだけは本当のことを話してほしい」とだけ言って帰したんです。

その夜、親子でどんな話し合いがあったんかは分かりません。翌朝から彼女は急変したんです。いじめられている女子をかばったり、一緒に遊ぶことをし始めたんです。彼女は女の子でいちばん力があり、男子からも一目置かれてるんです。他の女の子たちは、あまりの急変にどうしたらいいのか戸惑っていたんですが、一人、また一人と彼女と同じ行動を取るようになっていったんです。それにつられるかのように、男子の一部も同調し始めたんです。

そうなると、いじめは少しずつ解消していくんですわ。いじめられていた女子が習字の半紙を忘れると、「いるだけ持っていき」と他の子が貸してくれるようになってきたんです。そうなると、その子は安心した表情を見せるようになり、みんなの親切に感謝する文を通信に書くようにもなったんです。そうやって、クラスの雰囲気が少しずつやさしくなっていったんです。

また、常に暴力を振るい他学年からも恐れられていた男子が、ある時「もう暴力は振るわない」との宣言を書いてきたのです。それの載った通信を見て、みんなは半信半疑だったんですわ。でも、彼はその宣言を実行しただけでなく、低学年の子どもたちを笑顔で遊んであげるようになったんです。しかも、家でも家族にやさしくなったんだそうです。

3学期最後の学級懇談会、「通信は全て先生の作文で、みんなは迷惑した」と有力者の親が主張したんです。その時、暴力を振るわなくなった子のお母さんが、「この通信は事実です。私の息子はこの通信に救われました」と勇気を出して反論してくれ、この議論は終わったんです。私はつるし上げられることなく、親たちの感謝の言葉で懇談が締めくくられたんです。

しかし、私をかばってくれた校長はその春左遷され、教育委員会の課長が校長になってきて、全担任に「学級通信は出すな」と宣言したんです。私は「武器」を失いましたが、そのクラスの一人の男子がくれた手紙「6年間で初めて先生らしい先生に出会った」という言葉を励みに2年間がんばり、異動しました。

☆ 私を「先生にしてくれた」2年生の女の子たち

もう一つお話しします。42歳で初めて担任した2年生のことなんです。そのクラスには、「死にたい」と願う一人の女子と、「死ね」と常に叫んでいる多数の男子がいたんです。とりわけ二人の男子が毎日のように女子をいじめて泣かせ、学級がどんどんおかしくなっていったんです。

私は一人一人の連絡帳に、ほぼ毎日その子のがんばったことや、もめたことも書いていったんです。このクラスは親の力を借りないと、私一人ではどうにもできないことを本能的に感じたんでしょうね。時々家に苦情の電話をいただくこともあったんですが、「先生も大変ですね」との言葉が出て、私が責められることはありませんでした。むしろ親たちが連絡帳に感謝の言葉を書いてくれました。

でも、いじめはどんどんエスカレートしていったんです。私はそれへの対処法を見出せませんでした。「死にたい」という女子のお母さんが、よく「何とかしてほしいと」言いに来られました。私は謝ってばかりで、本当に情けなかったです。

ある時、教員組合主催で大阪の小学校に勤務されている「土佐いく子先生の講演会」を開いたんです。先生は、「最大の教育は言葉かけだ」と話されたんです。私はガーンと頭を強打された感じで、しばらく呆然としてたんです。今まで「教育とは読み書き計算を中心とした教科教育だ」と信じこんでいたので、土佐先生の言葉を「大きな爆弾」のように感じてしまいました。確かに乳幼児は、自分に話しかけられる言葉でもって自分自身を創っていきます。私を担任してくれた先生方のことを思い出しても、それぞれの先生方のかけてくれた言葉を、今でもよく覚えています。

その視点で、クラスの子どもたち同士の言葉かけを調べてみました。「あほ」「ぼけ」「死ね」「おまえなんか嫌いじゃ」「くさい」「よしたらへん（寄せてあげない）」……こんな言葉がのべつ幕なしに飛び交っているのです。これでは子どもたちは真っ当に育ちようがありません。

それで、「言われてうれしい言葉」と「言われたくない言葉」を子どもたちに書かせ、言葉かけについて考えさせることにしました。

女子の大半は、言われたくない言葉を言わないように努力しているんですが、男子が言ってきた時に言い返すかたちで言っていたんです。男子の一部はそれが日常化してしまい、教室だけでなく家でも、登下校の際にも、みんなに言っていたのです。

このことを通信に書くと、各家庭で取り組みが一気に始まりました。「ひどい言葉を友だちに言っていないやろな」と親たちは、自分の子どもを本気で指導してくれたんです。親たちもこのクラスを何とかしたいと願っていたんだと思います。

そんなある日、しっかりものの女子から提案がありました。「言葉遣いの悪い男子を、先生は厳しく叱れ」というものでした。でも、私はそれができませんでした。叱られてもへらへら笑う男子がいたり、腹いせに他の子にきつく当たる男子もいたりしたからです。

そのうちに、しっかりものの女子たちが「自分たちが見本を見せる」と言い、いじめられていた女子をかばったり、一緒に遊び始めたりしたんです。ありがたいことに、それが少しずつクラスに浸透していったのです。

そのことを通信に載せると、がんばる子どもを励ましてくれる家庭がふえていったんです。なかなか一気にとはいかなかったのですが、クラスは大きな壁を越えたのです。と同時に、私自身も大きな壁をぶち破ったのです。ただ勉強を教えようとする存在から、子どもの成長を支え、導く存在への転換が劇的に図られたんです。私はこのクラスの子どもに、「先生」にしてもらったんです。

そのクラスの最後の連絡帳には、どの親も感謝の言葉をたくさん書いてくださっていたのです。そればかりか、私の異動が新聞発表された日に、あるお母さんから電話をもらいました。そのお母さんは「先生……」と言うなり、泣いてしまわれました。私はこのつらかった1年の苦労が吹っ飛ぶ思いで、ただ受話器を持って立っていたんです。

この1年、しんどいことが続いて肝臓を痛めてしまい、翌年度に通院を余儀なくされたんです。でも、この子たちと親たちに私は「一人前の先生にしてもらったんだ」と思うんです(3)

それに、兵庫の大先輩、岸本裕史先生にも支えてもらってたんです。若い頃には、先生のご自宅で開催されていた学習会に毎月参加して、子どもに分かるように教える技術や生活綴方の手法を学んだのです。生活綴方の手法は、教員生活の最後まで私のクラス経営の武器となったんです。それと、30代後半から40代前半にかけて、「自分がどんな教育をしたいんか」が見えてこず、子どもとの関係もうまくいかず、悩みに悩んで「もう教員なんか辞めようか」と思っていた時に、思い切って相談したんです。すると、「心配はいらん。50代になったら花開く」と言ってくれたんです。「気休めかいな」と思いつつも、なぜか教員を辞めようと強くは思わなくなったんです。

森垣修先生のもとにも何度も通いました。教育講演会や校内研修会を開いて、みんなで話を聞くこともしたんです。環境学習を総合学習的な手法で展開できたのも、地域にこだわる森垣実践を知っていたことが大きかったと思うんです。もし、森垣実践を知らなかったら、私は地域に教材を求め、地域の人から話を聞いて解決への道を探り、学んだことを地域に返し、地域を変えるような実践など思いもつかなかったと思うんです。

このように、私の知らんとこで、ぎょうさんの人が私を支えてくれてたんやなぁと、今になって思います。だから、私はすごく幸せな教員生活を送ってたんですよ。でも、その頃はまったく無自覚でね、そんなんには。

8 「ほんものの教育」への模索

――「寄り添ってくれる子ども」ということの意味がとてもよく分かりました。先生の東条川学習の実践は東条東小学校で1998年に行われたわけですが、それに至る模索は今お話を伺ったシンドイ時代の中でなされていたのですよね。そのあいだの試行錯誤について、もう少しお話しいただけますか。

岸本　真っ暗の中で、手探りで。ほんものの教育あらへんかなって。森垣実践が頭にあったんですけ

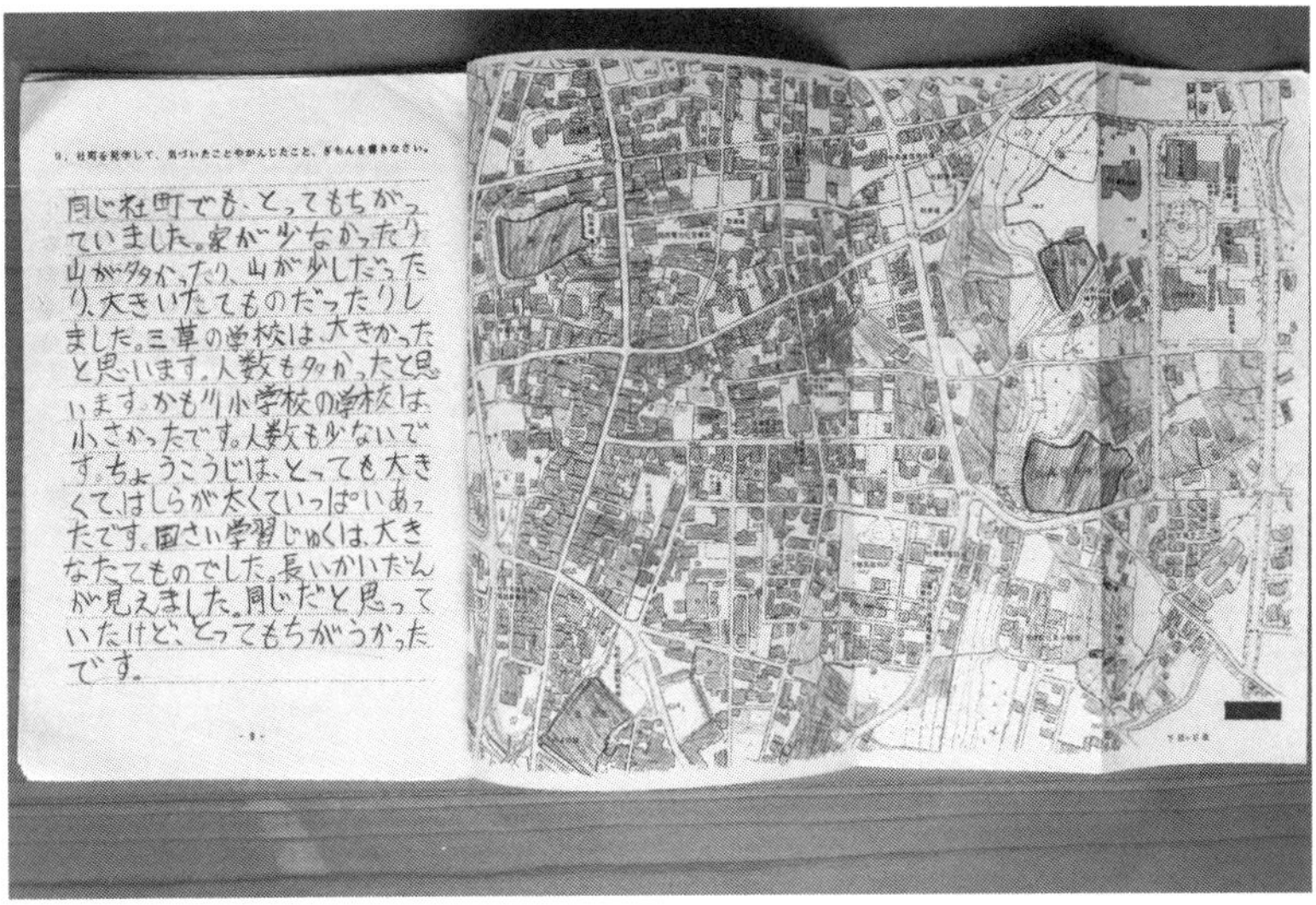

3年生社会科ノート

ど、いきなりなんて無理ですから。地域を教材にしようって実践を始めたんです。

　これは、1992年の社会科「私たちの社町」という実践。3年生、普通は絵地図づくりから始めるんやけど、そんなんせずに本物の地図を渡して、それに家を赤色に、道を黄色に、田を緑色に塗ってと、そういう色塗りをしながら地図を知るっていう。で、その地図を持って地域を歩き、様々な地区や村の特色を見つける。そういう教育を始めたんです。まあ、森垣実践の一つの真似です。

――これ、子どもの学習帳ですね。先生がこの学習帳作って渡して、これで授業やってらっしゃるわけですね。

岸本　これ、福田の子なんですけれど、福田ではまわりは全部田んぼなんですよ。地図では全て緑になっちゃうんですけれど。これは社の商店街。だから、社の商店街見に行こって言った時にこの地図を持って「福田と違うな」って言う。「福田やったらみんな緑になるのに、こんな赤い家がぎょうさんあるな」「赤いのがいっぱいあるな、家やな」「道もぎょうさんある」言うて。そして、「どんなものを見に行きたいか」ってたずねてみる。「公園見たい」とか「神社に行きたい」とか、子どもは言いますやん。「それじゃあ今度見に行こう」って言うて。「商店街も行こうな」って、商店街の店屋さんのどっかに入らせてもうて、店のおばちゃんの話を聞いたりね。国宝の朝光寺も行ってますわ。それから、鴨川小学校も行ってる。

――そんなに遠くまでどうやって行くんですか？

岸本　町がバスを出してくれましてね。それで行きました。まぁ地域学習です。

――この授業はもうかなり東条川学習の方法に近づいていると思いますが。

岸本　ええ、でも、これは社会科という一つの教科だけ。この単元だけ。もう狭い世界。

――というと？

岸本　これはやっぱり、サブマリンで、沈没船の中で少し灯りが前に見えたかなという感じはあったんですけれど。でも、やっぱり闇の中ですよね。この実践が終わったら、深い闇に沈むわけですから。まだ私には地域の人やら専門家を呼んで、もっとおもしろう、広く深く展開できひんかったんです。そんな力がなかったから、そういう発想もできなかったんです。

――でも、これだけの地域学習をやるのも大変なことですよね。地域のことが分かってなかったら、どこを歩いたら、いろんな比較ができるかが分かりませんから。先生は満足されず「サブマリン」状態だったかもしれませんが、こうした模索をされる中で、徐々に先生の中でいろいろなものがつながり始めていたんでしょうね。先生は、１９９６年に武村重和先生のお話を伺ってはじめて「総合学習」という考え方に出合ったということですが。

岸本　武村先生は、「黒板を背に教員が授業する時代は終わった。全国の先生方は、今新しい授業をどう創っていくかで苦悩している」と語られたんですわ。そして、新しい授業のキーポイントを丁寧に指導してくださった。それは、子ども自らが主体的に学んでいく、そしてそこで学んだことを報告しあって、より豊かな学びをみんなで創っていく。それは教師の一方的な教え込みではない、子どもが学習課題を持ち、自らいろいろな方法で解決していく。今思うと、それは子どもが主体となって学習を進めていく総合学習の手法だったんです。でも、私は研究会でも、ふだんの授業でも、武村先生が教えてくださったような授業が展開できず、苦悩していたんです。

――でも、その2年後、学級崩壊状態にあった子どもたちと出会い、先生の苦悩が頂点に達する時機に、東条川学習のアイディアが先生の中に出現することになる。それって、いろんなものが先生の中で総合された、そういうことですよね？　これとこれとこれが全部統合されるんだ、みたいな？

岸本　そう、まさに総合学習は教員自身にとっても総合なんですよ。それが実現できたのは、学級崩壊という、教員が指導したくても指導できない状況下に追い込まれてしまったことが大きいんです。つまり、子どもを主体にした教育をせざるを得ない状況に追い込まれたんです。たまたま武村先生が、子ども主体の学習方法を教えてくださっていたので、自然にその方法を取り入れることができたんです。

その方法とは、最初に一つの体験を仕組むんです。すると、子どもたちは疑問を持つんです。その疑問の中から、みんなで解決すべき疑問を学習課題にし、解決する方法を子どもたちと考えるんです。そして、その解決に最適の人を見つけて教室に来てもらい、子どもたちと一緒に学んでいく。そして、学んだことをより多くの人に報告するというやり方なんです。

まず、その体験を仕組むのに、知恵をしぼらなあかんわけです。子どもたちがのってきて、かつ疑問を持ってくれるような体験でないと学習が続いていかないんです。それに、どの疑問を学習課題にするかにも、頭を抱えたんです。よい学習課題を選べば、学習が深く、かつ広く発展していきますが、悪いのだとすぐ終わってしまうんです。解決方法を考えるのも大変やったんです。専門家を呼んでくるにしても、どんな人が最適か分からんわけですから。学んだことを子どもは報告したいと思うようになるんですが、どういう場を作るのかも悩んだんです。

そういうことをうまく処理するには、幅広い知恵といいますか、ネットワークといいますか、私自身の総合力が試されたと思ってるんです。だから、この学習が成功した時、何か大きなことを成しとげて、一皮むけて新しい自分が誕生したような気持ちになったんですわ。

それに、クラスの子どもたちを信じて、力を合わせて教育実践を創るだけでなく、同僚とも力を合わせて教育実践を創っていくことで、学校や地域を変えていくという方向が見えてきて、海底からようやく浮上できたような気がしたんです。それにしても8年近くサブマリン状態だったわけです。その間、何もしていないわけではなく、もがき苦しんでいたのです。先進校を見に行ったり、教育学の本を読んだり、教育講演会を開催したり、様々な民間教育研究会の大会に参加したり、自分にできることは積極的にしてはいたのですが、なかなか古い自分から新しい自分に変わることができなかったのです。

今思うと、サブマリン状態の時代は、アオムシから「さなぎ」になった段階だったと思うのです。さなぎは表面上は何も変わりませんが、内部では羽や足、触覚といったものが作りだされ、激変が起こっているのです。

私自身が自分の固い殻を破り、新しい自分を創るのに、8年の歳月が必要だったのだと思います。もし、それが短い歳月だったら、アオムシのままか羽化に失敗していたと思います。つまり、教員としても人間としても、中途半端で終わっていたと思います。

教員は大きい小さいはあるにしろ、人生の中でこのような激変を求められる機会が何度かくると思います。それは、ベテランになるにつれより指導力が求められるのに、子どもとの年齢が開き、子どもの心がつかめなくなってくることがあると思います。このギャップに苦しみ、管理職の道を選ぶ人もいますし、趣味の世界に走る人もいますし、退職して第二の人生を歩む人もいます。もちろん少なからずの教員は、その苦しみに打ち勝ち、自分自身の道を見つけているのです。

私の場合は、今まで自分のやってきた実践と、これからやりたいと願う実践が、あまりにも大きく異なっていたため、8年という歳月が必要だったのだと思います。

―― ありがとうございました。東条川学習誕生の背景がとてもよく分かりました。新しい授業を創るって、まさに新たな自分を創り出すプロセスそのものなんですね。

安藤聡彦（あんどう・としひこ）一九五九年生まれ。埼玉大学教育学部教員。

参照文献

（1）岸本裕史『見える学力、見えない学力』（大月書店、１９９４年）
（2）森垣修『地域に根ざす学校づくり』（国土社、１９７９年）
（3）岸本清明「2年生のいじめ退治」『教育』№６０６（国土社、１９９６年11月号）

※本インタビューの文字起こしを小杉春菜さんにしていただきました。また、小杉さんが撮った写真４枚を、本書に掲載させていただきました。お礼申し上げます。

第3章　東条川学習の発展

「東条川学習はおもしろい」「子どもを大きく成長させることができる」「子どもたちは環境に対する意識を高めるし、活動的に学んでいく」「クラスづくりも同時にできていく」……こんな良い学習を、全校で実施できたらいいのになと考えていました。

幸いなことに、京都議定書が採択（1997年）され環境教育の重要性が謳われたり、総合的な学習の時間が2000年から段階的に始められたりして、推進しやすい環境が整ってきました。

この章では、私自身が東条川学習をどう発展させたのかと、一つのクラスが始めた「東条川学習」が、やがて全校あげて実践されるようになった経緯と、その成果を明らかにします。

1　私自身の東条川学習の発展

東条川学習で目覚めた私は、その後も子ども主体で「活動しながら学んでいく学習」を毎年実践しつづけました。ホタルや水生生物、魚を教材にして、子どもたちと年に1本ずつ取り組みました。いずれも子どもたちは喜んで取り組み、予想以上の効果がありました。

その中で、3年生と実践した「ホタルいっぱいの東条川に」の実践を話します。

(1) ホタルを教材に選ぶ

最初の東条川学習の際に、「昔の東条川では、ホタルが帯のようになって乱舞していた」と、懐かしそうに話されたおじいさんの話が心に残っていました。理科で「昆虫」を学習する3年生を担任したことを機に、ホタルを教材にしてみようと考えました。

① ホタル見つけ

5月下旬のホタルの飛び交う頃に、「ホタルを見つけてくるように」との宿題を出しました。みんなはさっそく調査に行ってくれました。お父さんの車で40km も奥の地域に出かけた子どもや、お母さんの車で5km北の鴨川に調査に行った子どももいました。誰も「東条にはホタルはいない」と思っていたのです。私も東条でホタルを見たことがありませんでした。そんな時、「ホタルが私の家の裏の溝にいっぱいいるよ」と4年生の保護者から電話がありました。その家は小学校のすぐ近くでした。わくわくしながらその家にお伺いし、その溝まで案内してもらいました。すると、いました。20匹ぐらいは飛んでいたでしょうか。

翌朝、「東条にもいる」と子どもたちに言うと、今度は東条でホタルのいるところを見つけに行ってくれました。すると、何匹か飛んでいる所があちこちにありました。その場所を地図に落としていくと、どの地区にもホタルのいること、それも東条川や溝の近くに多いことも分かりました。ホタルは復活してきていたのです。

「学校のすぐ北の東条川にもホタルが飛んでいる」との話が、PTA役員会で出ました。役員会終了後、役員全員が校門東の橋に移動しました。そして、東条川の川縁に淡い光を放ちつつ飛び交う数匹のホタルに、しばし釘付けになりました。お母さんたちもホタルに夢中になり、家族を乗せてあちこち見に行ってくださいました。その中で、子どもたちは「ホタルはどうして光るの」「どうして川の近くや溝の辺りにいるの」「ホタルは何を食べているの」……との疑問を持ちました。これらをみんなで調べることにしました。子どもたちは図鑑で調べたり、ホタルのビデオを見たり、ホタルの生態を書いた図書館の本を読んだりして、答えを探しました。「ホタルは光で相手に合図を送っている」と知り、みんなは驚きました。

②参観日のホタルクイズ

7月の参観日に、お母さんたちに「自分たちで作ったホタルクイズ」をすることにしました。「ホタルはなぜ光るの?」「雄と雌では光の強さが違うの?」「ホタルはどれぐらい長く生きるの?」「ホタルは昼間何をしているの?」……子どもたちは八つの問題を作りました。その問題と、1問に付き答えを3種類書いて、3択クイズにしていきました。それらを画用紙に書いてから発表練習をして、当日に備えました。

いよいよ参観日がきました。いつもの参観日とは様子が違います。子どもたちの問いに、今日はお母さんたちが答えるのです。お母さんたちがクイズに答える時、子どもたちもハラハラしています。中には「お母さんの合った数」を数えている子どももいました。親子ともにハラハラドキドキの参観日でした。

③全校ホタルクイズ

参観日に教室を覗いていた学校長が、「全校生にホタルクイズをしたら」と提案してくれました。それで、全校集会で250名にホタルクイズをすることになりました。体育館の遠くからでも見えるようにと、今度は模造紙にできるだけ大きな文字で、図や絵も分かりやすく描き直しました。

大部分の子が、全校生の前で初めてしゃべります。ほとんどの子が、「心臓バコバコだった」と後に作文に書いていました。「うまく言えるか心配していたが、自分のがんばりで大きな声で言えた。自分に◎をあげたいと思った」と作文に書いた子がいました。

「ホタルはきれいな水にしかすめません。水をきれいにしてホタルいっぱいの東条川にしましょう」とみんなの願いをMさんが言って、全校ホタルクイズを締めくくりました。

ホタルクイズづくりは、「みんなで協力してよい問題ができた」と、多くの子どもたちに大きな満足を与えてくれました。また、その過程で「みんなの絆が深まった」と書いてくれた子もいました。

④手作りホタル新聞

ホタルクイズが全校生に好評でしたので、これを手作りの新聞にして、校区一〇〇〇の全戸に3年生が手分けして配ることにしました。

子どもたちが自転車で配達している後から、「ありがとう」「あんたらが作ったんか。すごいな」「どうもありがとう。また読んどくわな」「川を汚さないよう、これから気をつけるわ」……。子どもたちは、地域からたくさんの元気をもらいました。

⑤ホタルの幼虫探し

10月初めの晴れ間に、学校のすぐ下を流れる東条川に、ホタルの幼虫を探しに行きました。川に降りて石をめくると、小さな幼虫が見つかりました。ホタルの幼虫かも知れないと、みんなはピンセットを用いて、それらをビーカーに集めました。しかし、それらはホタルの幼虫ではありませんでした。みんなの見つけたのは、トビケラやカゲロウ、カワゲラやヒラタドロムシ、ユスリカなどでした。ホタルの幼虫は見つからなかったけれど、たくさんの水生昆虫が見つかったことは、子どもたちにとって、大きな驚きと喜びでした。

⑥専門家に教えてもらう

「たくさんの水生昆虫が東条川にいる」ことを、自分たちだけが知っているだけでは、川をきれいにする大きな力にはなりません。他の人に広める必要があります。そこで、今回はまず2年生に伝え、2年生にも川をきれいにする力になってもらおうと考えました。そこで準備を始めたのですが、水生昆虫の本が少なくて困ってしまいました。

それで、県立「人と自然の博物館」の研究員三橋弘宗さんに指導に来てもらうことにしました。「3年生相手だと10分しかもたない」と言っておられた三橋さんでしたが、みんながいろいろ質問したので、40分も話をしてくださいました。

⑦2年生に発表する

自分たちで調べたことと三橋さんに教えてもらったことを合わせて、2年生に発表することのアウトラインを作りました。

「川にどんな幼虫がいたか」「トビケラの説明と巣の作り方クイズ」「川にいる幼虫はどこから来た

のか」「水生昆虫は何を食べるかのクイズ」「昆虫の身の守り方」「水生昆虫をふやすために」……発表内容が決まれば、あとは班ごとに作業を進めます。クイズの班、説明だけの班、劇をする班、それぞれに知恵を絞っています。私はそれぞれの班の主体性を尊重しながら、アドバイスをしていきます。

どの班もほぼできあがった段階で、クラス内で発表会を持ちました。「上手なところ」と「直さなければならないところ」を率直に指摘しあい、2年生により伝わりやすいよう改善していくことにしました。そういう機会を二度持つと、もう2年生との約束の日がきてしまいました。

当日は、司会・進行の全てを子どもたちに任せました。私は写真を撮ったり、発表後の資料を教室横に展示したりと裏方に徹しました。

その翌日、発表を聞いた2年生が、「昨日の発表、よく分かった。楽しかったで」と言ってくれました。

(2) 学ぶ楽しさを知った子どもたち

「先生に教えてもらった方がいいけれど、自分たちでやったら、先生とかの力を借りずにできるようになるから、大変よい」と私に気をつかいながら書いてくれた子がいました。「他の人が考えた意見をとらずに、自分で実験して考える力がつくようになるからよい」とか、「教科書もないけれど、自分たちで全部やりとげた」と書いてくれた子もいました。

このような学習は教科書がないので、自分たちで考え抜かなければなりません。時には専門家の力を借りますが、自分たちで考え抜くことは、大変なことなのです。でも、いろんな発見があり、疑問もたくさん出てきます。そして、それらを解決して完結した時の喜びは、すごいものがあります。「自分たちの実力が見せられる」と、3年生に言わせるほどのものなのです。

(3) 自分たちの暮らしを変えた3年生

魚しかいないと思っていた東条川に、たくさんの水生昆虫がいて、大変驚きました。巣を工夫して作っているものや、餌のとり方を工夫している昆虫もいました。これらの小さな水生昆虫もがんばって生きていることに共感しました。「川は人間のものではない」ことが当たり前となり、水生昆虫に害になるものを平気で捨てることをしなくなりました。登校中にゴミを見つけると、拾ってくる子もでてきました。

(4) 親の暮らしと学習観を変えた

この実践記録を小冊子にして、「学級通信特別号」として出しました。それを見た保護者から手紙をもらいました。

「……洗濯機の前で、『お母さん合成洗剤を使っとるやろ。私の服を学校で(蛍光剤に反応する器具で)調べたら、すっごく光っとったで。……あかんねんで。川が汚れるねんで。……ボディーシャンプーとかも、あかんねんで』。私はどきっとしました。よく分かっていることではありますが、なかなか実行できていないことなのです。まっすぐな子どもの言葉で、自分がとても恥ずかしく思えました。このことが洗剤を変えるきっかけになりました。

先生が書かれている内容を読ませていただき、この何ヵ月かの子どもたちの様子がよくうかがえました。子どもたちってすごいですね。今の子どもたちは、あまりにも環境が整えられすぎていて、『なぜ』と疑問を持つことすら少なくなっています。こんなふうに、自分たちで学習を進めていき、あらゆる方向に思考力を伸ばすことを教えてくださった。このホタルの学習で、子どもたちに『見えない力をいっぱいつけていただいた』と感謝しています」

読み書き計算といった「見える学力」も大事ですが、このような「見えない力」も、これからの子どもたちにとって大事なのではないでしょうか[1]。

2　東条川学習の全校実施

幸いなことに、東条川学習は1年で終わらず、全校でより発展的に展開されることになりました。それは、翌１９９９年に、卒業生の呼びかけに応えて、新6年生が東条川学習を始めたからです。というのも、地域で昨年の6年生の活動を見ておられた東条町役場職員が、河川環境管理財団の助成を受けることを勧めてくださいました。そして、その助成を受けることを機に、全校で「東条川を軸とした」生活科・総合的な学習の取り組みを始めることができたのです。

低学年は、夏の日に東条川の上流に行き、サワガニを捕ったり、魚を追ったり、水につかったりと川遊びを思いっきり楽しみました。中学年は東条川に行き、水生生物や魚の調査をしたり、上流から下流まで川の汚れ調査に取り組んだりしました。高学年では、専門家を招いて川の汚れの原因を追究したり、河川浄化先進地の取り組みから学んだりしました。

というように、各学年で東条川学習が始まったのです。教職員とＰＴＡも、東条川の上流から下流までの水質調査をしたり、農業水利について地域の古老から聞き取りをしたりして、記録に残したのです。

そして、３学期の参観日に全校生と保護者が体育館に集まり、各学年がこれまで自分たちのやってきた東条川学習を、10分ずつの時間枠で劇や呼びかけで表現しました。その最後に、東条川浄化の活動を親たちに呼びかけたのです。

その子どもたちの熱い提起を受けて、各地区で東条川親子クリーン活動が実施されました。寒風吹きすさぶ東条川でしたが、子どもたちが意欲的にゴミを拾うのを見て、保護者も積極的に取り組みました。各地区で拾い集めたゴミを学校に集めると、山のようになりました。４トントラックに積みきれないゴミを見て、保護者も子どもも「これではダメだ。もっと東条川学習をして、川をきれいにしないと」との思いがいっそう強くなりました。

東条川学習全校報告会

３　東条川学習のカリキュラムができた

２０００年と２００１年には、全校で「東条川を軸とした」生活

「東条川学習」の全体計画について

行動目標	よみがえれ、ぼくらの東条川。みんなの力で！

1年	川遊び		→ 川遊びはおもしろい	→ 川で遊んで楽しかったよ	→
2年	川遊び		→ たくさんの生き物がいた	→ いっぱい生き物をとったよ	→
3年	川遊び	学習・調査活動	→ 東条川生き物スペシャル	→ 川にはたくさんの生命が生まれ、育っているのだ	→
4年		学習・調査活動	→ こぎ出せ東条川フレンドシップ	→ 自分たちの暮らしが、川を汚している	→
5年		学習・調査活動	→ 東条川環境会議をしよう	→ みんなで東条川をきれいにしよう	→
6年		学習・調査活動	→ 杉原川の清流に学ぼう	→ 他の川を調査しよう（自然学校）	→
教職員		学習・調査活動	→ 地球環境と自分たちのくらし	→ 川も空気も汚れている	→
PTA		学習・調査活動	→ 簡易水質調査や水利、利水についての調査	→ 東条川の現状を見つめ、未来を考える手がかりを	→
地域		学習・調査活動	→ 東条川の昔と今を知ろう	→ 東条川の昔から未来を	→

→ みんなで東条川のことを考え川を美しくする活動をしよう

↓

自分たちが学んだことを、多様な方法で地域の人にも知らせ、東条川や環境をよくする活動を一緒に創っていこう

↓

東条川で学んだことや東条川の「今」を、副読本にして残そう

↓

東条川を軸とした総合的な学習の、多様な展開を創造しよう

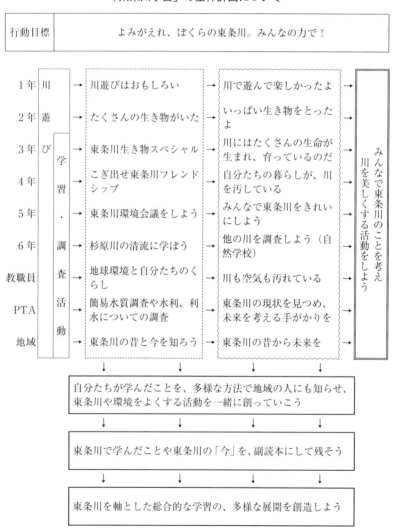

ゴムボートで東条川の流れを楽しむ

科・総合的な学習の取り組みを発展、深化させました。それで、東条川学習の全体計画ができたのです。

東条川学習の出発点として、低学年は川遊びをする。そして、「川は楽しいところ」を体感します。3年生では、川にはたくさんの生き物がいて、様々な工夫をして生きていることを知ります。そして、「水生生物こそが川の主」であることを理解します[2]。これを東条川学習の原点にします。4年生では、川を汚す原因が人間の暮らしにあることを知るのです。5年生では、川をきれいにする様々な取り組みに学びます。そして、自分たちも川をきれいにする取り組みをします。6年生では、東条川学習から発展して、酸性雨や温暖化問題など地球環境問題の学習を進めます[3]。

もちろんこれは大筋です。カリキュラム通りに毎年同じことをするのではなくて、各学年で創意工夫して内容を更新していくことを確認しあいました。

4　PTAと地域も参加

学校のこれらの取り組みに、PTAは、東条川親子クリーン活動を「PTA行事」にして、子どもたちを応援してくれました。それは、「子どもたちがここまでするなら、ＰＴＡも頑張らないといけない」との思いから、ＰＴＡ会長が提起して実現しました。地域の古老も、私たちの要請に応えて東条川学習に講師として参加してくれました。

それから２０００年と２００１年には、各学年が１枚ずつ東条川学習を手作りのポスターにまとめ、各地域の公民館や公共施設などに張り出しました。また、東条町の広報誌に各学年の東条川学習を毎月１頁分記載させてもらったり、有線放送で各学年の子どもたちが東条川浄化を訴えたりしたのです。

１９９９年と２００１年には、東条川学習の内容や東条川にまつわる古老の話や水質調査をまとめた副読本を出し、学校と地域と東条川の距離を縮めました。

５　東条川学習の成果

全校で東条川学習をするようになってから、兄弟で東条川のことがよく話題になりました。それで、保護者に大きな影響を与えるようになりました。例えば、子どものいる時にお母さんたちは、合成洗剤で洗濯ができなくなったそうです。通学班でもよく話題になり、子どもたちは川のゴミを見ながら登下校するようになりました。道や溝に捨てられた乾電池などを拾って学校に持ってくる子も出てきました。ある学年が牛乳パックをバケツの中で洗い、その水を校庭の植木にかけることを始めると、すぐに全校が見習いました。

このように、一連の東条川学習が東条川の現状を大きく変えました。東条川のゴミがみるみる減っていきました。また、東条川の水質もずいぶん良くなっていきました。それは、クリーン活動の成果もありますが、住民の意識が高くなり、下水道の普及率が他地域に比べて高くなったこともあるのです。この点でも、「東条東小学校の子どもたちが町を動かした」と言えましょう。

6　東条川学習の成果をもたらしたもの

どうしてここまでやれたのかについては、様々な要因が考えられます。

一つには、東条川という「川を教材にした」ことです。東条川で水遊びや石投げ、魚取りやボート乗り、水生生物調査や水質調査など様々に遊び、学ぶことができ、それ自体が子どもにとっておもしろかったのです。それに総合学習の手法で楽しい活動として展開したことです。しかも、各学年の教室には、地域のお年寄りや専門家が訪れ、子どもたちの疑問に答えて、学びを深化させてくれました。その学びがおもしろかったのか、子どもが家でその話をして、各家庭でも東条川浄化の機運が高まりました。

一方、学校によばれ教室で話をしてくれた地域の人たちは、

魚取りを指導する古老

様々な場で学校の取り組みや子どもたちの真剣な学びを話してくれ、それを地域が温かく受け止めてくれました。

また、当時の保護者の多くは、幼い時に東条川で遊び、泳いだ体験を持っていました。その川が汚れている様を見て、何とかしたいと思ったことも大きいのです。それに、学校とＰＴＡ、地域と町役場が一体となって東条川学習を進めたことは、何よりも大きな力となりました。

ほかにも、河川環境管理財団から多額の助成金をいただいたことや、財団の出している「川の水」№４に「教科書はそばを流れる川」として報告を載せてもらったりしたこと、[4]神戸新聞や地元「みのり農業協同組合」の広報誌にもたびたび記載され、社会的な評価を受けたりしたことも大きいと思います。学習指導要領の大改訂で、総合的な学習が新設され、東条川学習を進める時間が保証されたことも大きな要因です。

何よりも大きいのは、教職員集団が「東条川学習をやろう」と奮闘したことです。夏休みに東条川の上流から下流まで水質調査をしたり、ゴムボートで東条川下りをしたり、地域の人を招いて昔の東条川の話を聞いたりと、様々な方法で職員研修をしていきました。その中で、それぞれの教員が「子どもたちにこのことを伝えたい」との気持ちを持ったことがいちばんです。それに応えて、子どもたちも大きな力を発揮したのです。この過程で私は同僚を信頼し、力を合わすことの心地よさと、その方法をも体得することができました。

一方、保護者や地域、行政や専門家も参加してくれました。中でもＰＴＡの力が大きかったのです。会長自らがＰＴＡ役員会の場で「子どもたちの東条川学習を全力で支えよう」と発言してくれ、私たちは安心して東条川学習を推進することができました。また、町役場に勤務する副会長は、河川環境管理財団へつなぎ、提出書類の書き方などもきちんと指導してくれました。それに、6年生が「東条川の川下り」を企画した際には、安全対策の指導やガイド役も兼ねて、何人もの会員が一緒に川を下ってくれました。他にも役員がそれぞれ他団体に働きかけ、いろいろな新聞や機関誌で評価してもらいました。

教員だけでは、東条川学習はここまで展開できなかったと思います。「教員とＰＴＡ、地域が力を合わせれば、ものすごいことができる」ことを痛感しました。この学習で正真正銘の「東条町立」の学校になったのです。学校づくりのダイナミズムを実感させられる日々でした。

今までの私は、同僚と協力しあう関係はそれほどありませんでした。それは、「集団主義的自治を運営の基本としながら、お互いの仕事には口出ししない」という「日本の学校の伝統的文化である個人主義を併存させていた[5]」からかもしれません。確かにお互いの仕事に口出しをしないと、精神的には楽ですが、表面的なつきあいに終始し、壁を共同してのり越えることはできません。

また、ＰＴＡに関しても、とくにつながりを持ちたいとは思っていませんでした。それは、「ＰＴＡは教員に対して大きな不満を持っているのではないか」と思い込み、ＰＴＡを煙たいものと規定していたのかも知れません。しかし、東条川学習をする中で、ＰＴＡが子どもを育てる組織として共同して活動してくれ、「信頼と連帯[6]」の関係がいつの間にかできていったのです。

この東条川学習を通して、教員とＰＴＡ、地域に相互信頼が確立し、個々の教員の力をＰＴＡや地域が何倍にもしてくださったのです。それで、このように大きなことを次々に成しとげることができ

たのです。(7)

引用参照文献

（1）岸本清明「学ぶ喜びを味わい、自分や地域を変える総合学習」『教育』No.661（国土社、2001年2月号）
（2）岸本清明「水生生物から見た東条川」『子どもと自然学会誌』1（2004年）
（3）岸本清明「学級崩壊を越えて」稲垣忠彦編　子どもたちと創る総合学習Ⅰ「学級崩壊を越えて」（評論社、2001年）
（4）「教科書はそばを流れる川」『川の水』No.4、（河川環境管理財団、2001年）
（5）佐藤学『学校改革の哲学』（東京大学出版会、2012年）59頁
（6）同前、130頁
（7）岸本清明「東条川学習の成し遂げたことと課題」『〈地域と環境〉教育研究会報』No.20、2013年

第4章　小規模へき地校での実践

「東条川学習」のように子ども主体で、子どもや学校、地域までをも変えていくような環境学習を、他の学校ではできないのでしょうか。

東条東小学校では、東条川が校舎の真横を流れていますし、校区を縦断しています。それで、東条川学習がしやすかった面は確かにあります。このような条件のない学校では、効果のある環境学習はできないのでしょうか。

私が次に勤務した加東市立鴨川小学校は、中国山地の山間にある山紫水明のへき地小規模校です。そこでどんな環境学習を創ったのかを報告します。

1　鴨川地区と鴨川小学校

加東市鴨川では、低い山の連なる中国山地の山間にある三つの集落に、265世帯670余人（2016年12月現在）が暮らしています。一つの集落は、かつて京街道であった丹波道の宿場村として賑わい、もう一つは西国霊場である播州清水寺の門前村として栄えてきました。だが、鉄道の普及や車社会の発展によって、今では過疎化と高齢化が進んでいます。

加東市立鴨川小学校は1級へき地校です。私の勤め始めた2003年には児童数が49名でしたが、他校に異動した2010年には23名に減ってしまいました。

2　山紫水明の学校で、環境学習はなりたつのか

鴨川地区には東条川支流の「鴨川」が流れています。いくつもの渓流が注ぎ込み、ふだんは透き通った水が流れています。そこには、カワムツやオイカワ、アユやサワガニまでいます。その魚を餌に、カワセミが川崖に巣を作っていますし、ダイサギやアオサギもよく飛来しています。一方里山の山裾には、オニヤンマやジャコウアゲハも飛んでいます。里山の林にはカブトムシやクワガタもいます。ササユリやカキランも見られ、あぜ道をキジが歩いています。

このような自然いっぱいの学校で環境学習がなりたつのか疑問に思え、一年目は環境学習を実践できませんでした。

キジやカワセミを見つづけてきましたので、これを教材にできないかと考えました。そして、翌年6年生（10名）で「野鳥」を教材にして環境学習をつくりました。その翌年は廊下を歩いているサワガニを見て、これを教材に2・3年生（複式学級7名）で環境学習を実践してみました。

3　野鳥を教材にした環境学習

(1)　ツバメを教材にした環境学習（6年生）

野鳥を教材にしようと考えたところまではよかったのですが、学校周辺にいる野鳥を見ても、名前がほとんど分かりませんでした。これでは学習の進めようがありません。そこで、市の図書館で野鳥に関する本をできるだけたくさん借りてきて、教室に専用の本箱まで作って入れておきました。そして、子どもたちに読むように指示したのですが、なかなか読んではくれませんでした。心の中に黒雲がモヤモヤしてきました。

①ツバメの巣を調べよう

そんなある日、たまたま図工室の外壁の上の方に、ツバメの巣を見つけました。腰の赤い、妙なツバメが素早く巣に出入りしています。調べてみますと「コシアカツバメ」でした。巣も他のツバメとは違って首の長い壺のような形をしています。

それで、「自分の村にいるツバメの種類とツバメの巣の数を調べてくるよう」、子どもたちに指示しました。ところが、村人に初めてインタビューする段階で、子どもたちは尻込みしてしまいました。それでも鴨川約260軒のうち89軒分のデータが集まりました。

その調査の結果、約半数の家にツバメが来ていました。そのほとんどは普通のツバメで、イワツバ

一軒の巣の数

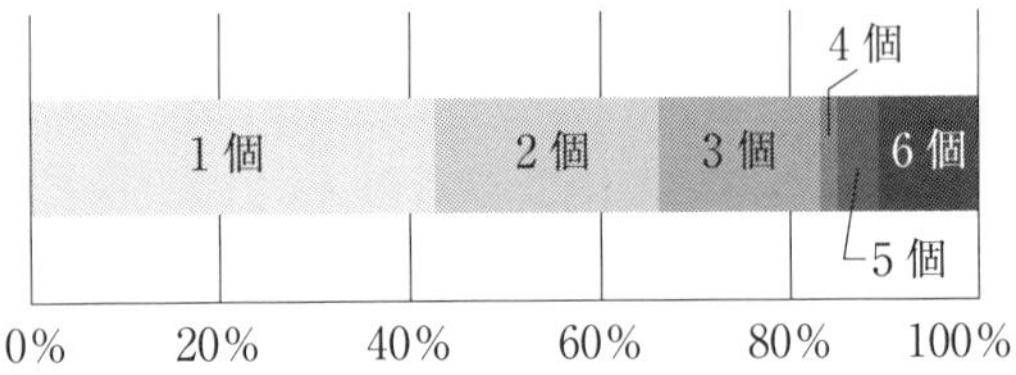

家にツバメが来たか

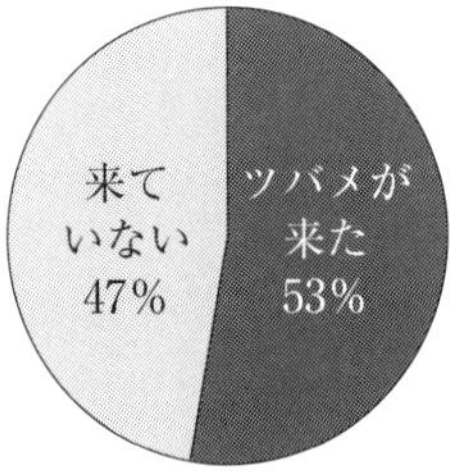

メが4軒、コシアカツバメが1軒でした。

1軒の巣の数を調べると、約40%が1個でした。2個の家は20%もあり、3個までで80%を超えました。中には6個以上が10%もあり、みんなは驚きました。

②ツバメは歓迎されているか

鴨川に来たツバメは歓迎されているのでしょうか。

子どもたちの調査では、約94%が「来てくれるとうれしい」との回答でした。その理由は以下のとおり。

・稲についた虫を食べてくれるから。
・毎年来てくれるから。
・雛がかわいい。
・「今年も来るか」と楽しみにしているから。
・「自然があるんだ」と思えるから。
・「ツバメは幸せを運んでくる」と言われているから。
・平和を持ってくるから。

一方、うれしくない理由としては、「ツバメの糞で家の中が汚れる」ということでした。

③ツバメの数はふえたか

鴨川に来るツバメの数の増減を聞いてみました。半数以上の人が、「減っている」と答えました。

その理由は、

・ヘビとかに食べられてしまった。

・巣を作る場所がないから。

・ツバメを追い払ったから。

・家が新しくなって来なくなった。

・洗濯物が汚されたから、家にツバメが入らないようにした。

・家のシャッターを閉めたから。

・家に人がいないので、戸を開けておけないから。

ヘビに食べられたというものもあるのですが、「家を新築した」とか「家に人がいないので、戸を閉めた」とか、「洗濯物を汚された」というように、人に関わる側面が強いのではないかと思われました。

④ツバメに来てほしいか

60%近くの人が「来てほしい」、11%の人は「来てほしくない」とのことでした。

「ツバメに来てほしい」と考える人が60%いることを、子どもたちは「多い」と思うのでしょうか。

ツバメに来て欲しいか

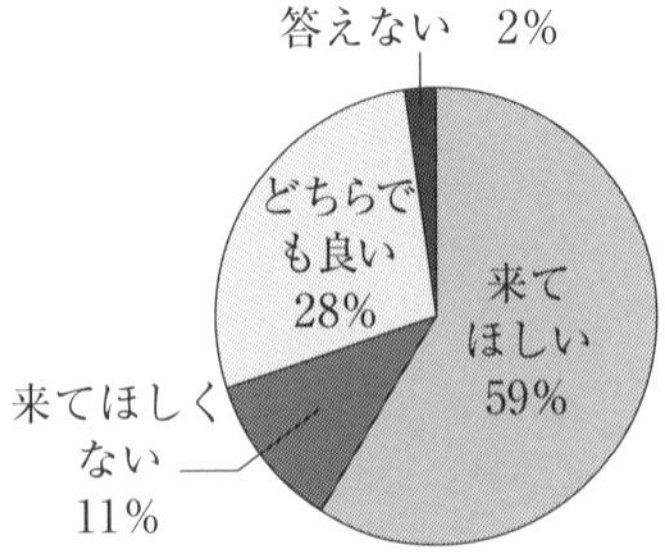

ツバメの数は増えたか

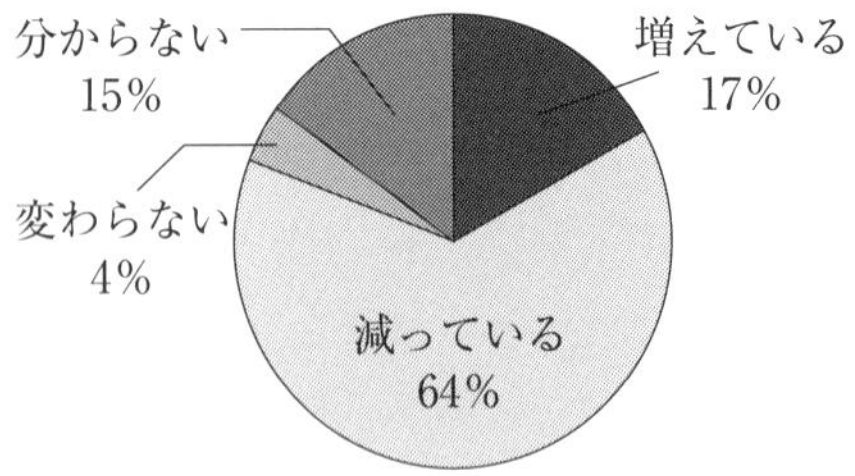

・「ツバメに来てほしい」と思っている家が多く、ツバメは好かれているんだなと思いました。
・鴨川ではツバメは減っていると思います。もっと来てほしいと思います。
・ヘビが出たり、家を新しくしたりして、ツバメが来なくなっていました。いろんなことがあったんだなと思いました。
・村の人たちがすごくやさしくて、いろいろなことを教えてくれました。
・知らない家に行くのは不安だったけれど、ツバメのことを聞いたら、すぐに出てきてくれたから、うれしかった。

農薬がない時代には、ツバメは「益鳥」と言われていました。田の上を忙しく飛び回りイネの害虫を食べてくれるツバメは、農民の目には頼もしく、かつありがたいものに見えたことでしょう。

しかし、時代が変わりました。各種の農薬が出回り、害虫駆除はもっぱら農薬を使う防除になりました。その上、トラクターや田植機、コンバインなど機械化の進んだ農業は、機械代が高くつきます。それで、農民は農業だけでは食べていけなくなり、ほとんどの人が働きに出るようになりました。そのため防犯上、家の戸を閉めておかなければならなくなりました。また、新しく建った家は、ツバメの入って来る隙間などありません。その上、ツバメの糞を嫌う人もふえてきました。ツバメにとって、不幸な時代が訪れたのです。この調査結果から、ツバメの再評価が必要だと私は感じました。

アンケート調査で、村の人にツバメのことを教えてもらいました。身近にいても、あまり話をしたことがない人たちに教えてもらうのは、最初はずかしかったです。ツバメのことを聞いていくと、１軒１軒言われる言葉がちがいました。

初めて知ったことは、イネにいる害虫をツバメが食べてくれることです。なるほどと思ったことは、「ツバメが毎年毎年来てくれるので、うれしい」と思っていることです。地域の人から、ツバメについて教えてもらうことは、とてもおもしろいことでした。

このインタビューによって、子どもたちと地域の人との関わりが深まったことは、大きな成果でした。

⑤鳥の巣の分解から

６年生が野鳥学習をしていると知って、５年生の保護者が、家の近くの木にあった鳥の巣を提供してくださいました。さっそく分解して調べることにしました。また、学校の倉庫入口の壁に、古いツバメの巣がありました。その巣も壁から外して、比較観察することにしました。

ツバメの巣

鳥の巣

２つの巣の観察をして、どちらも巣が３層になっているのがわかりました。ツバメの巣ではよくわからなかったけれど、もう一つの巣は、最初に木の枝やビニールで支えてあって、次に、ささの葉でクッションが作ってあって、卵を入れるところは、やわらかい細い木の枝でできていました。

ツバメの巣は輪積み法で作られていて、卵を入れるところは思ったよりも深くて、羽がありました。ツバメの巣は、どろでかべにしっかりとくっついていて、取るのに苦労しました。どろだけで、こんなにくっつくのかなと思いました。

二つの巣は材料がちがいました。鳥は巣を作る場所がどんなところなのか、どんな巣を作ればいいか、わかっているんだなと私は思いました。

二つの巣が、どちらも三つの層でできていたということに、みんなは驚きました。５年生が持ってきてくれた巣では、外側を木の太い枝とビニールのひものようなものをからませて作り、中は葉っぱで中心部を包むようにしてありました。内側は、卵がわれないようにするためにやわらかく、たくさんの小枝で作られていました。

ツバメの巣も、外から見ると土だけで作られているように見えますが、巣を外して中を見ますと、イネ科の草をうまく使っているのが分かります。土をつないで巣をじょうぶにすることや保温効果、クッションの役目をイネ科の草に求めているのかも知れません。

このように巣を調べることで、鳥の知恵に気づいたことがいちばんの成果でした。

(2) 野鳥を教材にした環境学習

ツバメを観察しているうちに、「バードウォッチングをしたい」という希望が、子どもから出ました。しかし、私も子どもたちも鳥の名前を知りません。バードウォッチングをすると言っても、鳥の名前を知らなくてもできるのか大きな不安がありましたが、とにかくやってみることにしました。

①第1回バードウォッチング
7月16日、快晴　朝から気温は30度近いのですが、湿度は低めです。場所は下鴨川地区内です。学校から道路に沿って南へ約1km、そこから田の中の里道を西へ1km、「鴨川」という川（川幅約5m）に沿って北上0・5km、東へ0・5kmで学校というコースを、私が先頭になり、徒歩でバードウォッチングをしていきました。

アオサギ、イワツバメ、ウグイス、カルガモ、カワセミ、キジバト、スズメ、セグロセキレイ、ツバメ、トビ、ハシボソガラスと11種類の野鳥が確認できました。姿は見えませんでしたが、「ホーホケキョ」というウグイスの声が、ずっと私たちを追いかけてきました。本当はもっとたくさんの種類の野鳥がいたのですが、素人の私が案内したので残念ながら上記の結果でした。

「じゃあ行くでー」と、先生に言われて、この辺にいる野鳥を見に行きました。

私は「どんな鳥がいるのかな。スズメやツバメだけなのかな」と思っていました。でも、歩いているうちにとてもたくさんの鳥に出合いました。セグロセキレイやトビ、ウグイス、カラスなどを見たり、鳴き声を聞いたりしました。私は、セグロセキレイなどはこの辺にいないとばかり思っていたけれど、行くとこ行くとこにいて、「セグロセキレイはこんなにたくさんの場所にいるんだー」と思いました。

それにめずらしいカワセミを見ました。私はまさか見られるとは思っていなかったので、見た時はとても小さかったけれど、うれしかったです。見た時「あー、すごく速いなー」と思いました。

私は暑い中バードウォッチングに行ってよかったなと思いました。次に行く時は、もうちょっと近くで見られたらいいなと思いました。

やはり野鳥の名前が分からなくては、せっかく見つけた鳥の記録ができません。私はストレスがたまりました。それで、案内人を捜すことにしました。あちこちの人に「誰か心当たりありませんか」と声をかけていると、芝田玄穹さん（東条の住職）が野鳥に詳しいことが分かりました。その人を訪ねてバードウォッチングの案内を依頼し、快諾を得ました。

②第2回バードウォッチング

今回は芝田さんの案内で、楽しみが倍加しました。9月6日、コースも時間も前と同じ、8時50分から10時45分です。その日はよく晴れていました。

アオサギ、カワガラス、カワセミ、カワラヒワ、キジバト、キセキレイ、スズメ、セグロセキレイ、ツバメ、チュウサギ、トビ、ハシブトガラス、ハシボソガラス、ヒヨドリ、ホオジロ、モズ、ヤマガラ。約2時間で、17種類132羽の野鳥に出合いました。

今日、第2回バードウォッチングに行きました。

今回は専門の人も来てくれて、第1回の時に、わからなかったことがわかりそうでした。そして、いきなり水辺にすむめずらしい鳥がいました。その名前は、カワガラスという、きれいな水辺にしかいない鳥なんだそうです。ぼくは、「こんなところにそんな鳥がいるんだなぁ」と思いました。

その後、ホオジロがいたり、おなじみのツバメやスズメ、カラスやトビなどがいました。ホオジロはスズメに似ていて、ほんとうにそっくりでした。

それに、1回目にいたウグイスがいなくなって、ヤマガラなどがいました。カワセミもいました。

今回は専門の人も来てくれて、とても勉強になりました。

③第3回バードウォッチング

11月12日8時50分から10時30分に、第3回バードウォッチングを実施しました。今回も芝田さんに来ていただきました。直前まで降っていた雨は、バードウォッチングが始まる頃にはすっかり上がりました。そして、下鴨川のいつものコースを回りました。

アオサギ、ウグイス、エナガ、カケス、カワセミ、カワラヒワ、キジバト、キセキレイ、コゲラ、シジュウカラ、ジョウビタキ、スズメ、セグロセキレイ、トビ、ハシボソガラス、ハシブトガラス、ヒヨドリ、ホオジロ、ビンズイ、メジロ、ヤマガラ。約2時間で21種127羽の野鳥に出合いました。

3回目のバードウォッチングに行きました。2回目のバードウォッチングの時と同じで、芝田さんに来てもらいました。私はどんな鳥がいるのかなと思っていました。

バードウォッチングを始めると、夏には見られなかった鳥や、夏に数が少なかった鳥などがいました。でも、夏に数が多かった鳥は、あまり見られませんでした。私は夏と反対だなと思いました。芝田さんの望遠鏡をかしてもらって、トビを見ました。初めてトビの顔をはっきり見ました。トビの顔は、けっこう小さくて丸っぽかったけれど、くちばしはとがっていて、いかにも肉食っぽかったです。

今日のバードウォッチングでいちばん心に残ったのは、コゲラがキツツキのように木をつついていたことです。それを見た時、コゲラはやっぱりキツツキの仲間なんだなと改めて思いました。

最後の芝田さんの話で、1本の木の中でも、鳥は種類によってとまる場所がちがうと聞いたので、私もそういうのを覚えて、鳥をたくさん見つけられるようになりたいなと思いました。

④第4回バードウォッチング

4回目は1月26日です。時間とコースは前回と同じです。アオサギ、アオジ、カケス、カワセミ、キジバト、コゲラ、シジュウカラ、ジョウビタキ、シロハラ、スズメ、ツグミ、トビ、ハシボソガラス、ヒヨドリ、ホオジロ、モズ、ヤマガラ、ルリビタキ。約2時間で、19種類88羽の野鳥に出合いました。

バードウォッチングに行きました。久しぶりだったので、楽しみでした。今日も芝田さんに来ていただきました。めずらしい鳥が見られたらいいなと思ってました。歩いてると、アオジという初めて見る鳥もいました。緑色のきれいな鳥でした。ジョウビタキもいました。ジョウビタキは前に比べると、たくさんいました。前に比べてトビの数は減っていました。どうしてかなと思いました。

セグロセキレイは水の中にいました。寒さを感じないのかなと思いました。ツグミは歩くのが速かったです。田んぼによくいました。ルリビタキという初めて見る鳥もいました。メスだったのであまり青には見えませんでした。初めてみた鳥がたくさんあってよかったです。

学校にもどって芝田さんの話を聞きました。ぼくが疑問だった「鳥は寒さを感じないのか」を質問しました。鳥は羽の間に空気をためて体を温めているので、人間より寒さを感じないそうです。

太いヒヨドリがいたけれど、それは空気をためていたから丸くなっていたのかなと思いました。モズがタカと同じ肉食だと聞いて驚きました。タカは目の真ん中に望遠レンズがあるそうです。とても目がいいので、すごいと思いました。ぼくは学校の行きしとかに、いろんな種類の鳥を見つけたいと思っています。

⑤「鴨川野鳥新聞」の全戸配布

バードウォッチングの成果を地域に返したいと考え、「野鳥新聞」をみんなで作りました。幸いにも9月に学校のパソコンとソフトが一新されました。それを最大限利用して野鳥新聞を作り、鴨川地区200余の家々に分担して配布しました。

野鳥新聞を作ることになりました。ぼくは、「たいへんだなあ。できるかな」と不安でした。でも、意外に簡単でした。コンピューターはすごいなと思いました。グラフで鳥の量を表すことにしました。そして、鳥のことについて調べたことも、のせることにしました。それを見て、「鴨川には野鳥がたくさんいるんだな」と思ってほしいです。できた新聞を配ることになりました。ぼくは20けん配りました。今田町の方まで行きました。とってもつかれました。ぼくは全部配り終わりました。よかったです。

11月末には野鳥新聞の2号ができました。それをみんなで鴨川の全地区に配布しました。その時の作文です。

第2だんの新聞ができあがりました。今回の新聞はとてもいいできばえでした。

私はAちゃんと一緒に野鳥新聞を配りました。4時30分ぐらいに配っていたのでとても寒かったです。

7時30分ごろに習字をしに行きました。その時に習字の先生が「すごいな。ポストにこんなん入っとってびっくりした。これ、6年生が作ったん」と言われて喜んでもらえました。がんばったかいがあったな、うれしいなと思いました。

バレーに行っても「すごいの作ったな」と言われて、うれしかったです。

⑥野鳥学習の評価　子どもたちの評価から

ア、「野鳥学習」全体の評価

・新しい鳥を見つけ、地域の人たちに、鴨川には鳥がたくさんいることが分かってもらえた。

・鳥には自然が大切ということ、自然を大切にしないと、鳥がいなくなってしまうことが分かった。

・野鳥のすごさが分かり、興味を持てた。

・鳥に興味を持てた。そして、だいたいの鳥の名前を知ることができた。

・鳥を見ると、あの鳥は何だろうと思うようになった。

・初めはいやだなと思っていたけれど、やっていると、おもしろくなってきた。

野鳥の総合学習は

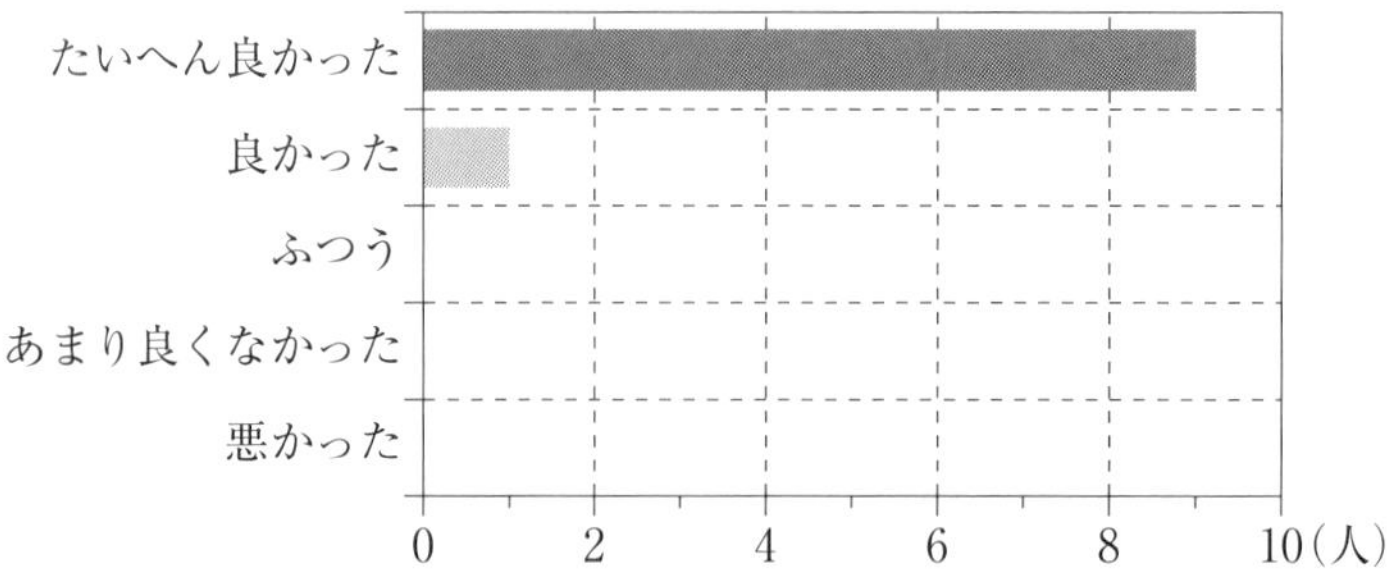

・鳥の巣がどうやってできているかが分かり、よかった。

イ、野鳥学習をして、山や川など環境についての見方が変わったこと
・鳥は山や川がないとすめないので、山や川を大切にしようと思った。自然は鳥にとって、とても大切だと思った。
・鳥がたくさんいることは、環境がよいということだから、そんな環境を大切にしていきたい。
・鳥を大切にすると環境もよくなるということで、鳥に石を投げなくなった。

ウ、野鳥学習を始める前と今とで、鳥の見方や思いが変わったこと
・鳥には人間よりすぐれているところがたくさんあった。鳥はすごいと思った。
・鳥は鳴き方や飛び方にも特ちょうがあり、おもしろかった。
・前までは、鳥なんか見ても知らんぷりをしていた。だけど、今は鳥を見ると、名前を言ったりして、鳥を大切にする気持ちが出てきた。
・初めは鳥なんて別に何も思わなかったけれど、野鳥について学習していると、おもしろくなってきた。

・鳥は全ていっしょだと思っていたけれど、いろんな種類があるんだと思った。
・鳥の観察をしていて、楽しいと思えるようになってきた。

エ、野鳥学習をしてよかったなと思うこと
・自然は人間だけのものではない。鳥にも自然が必要だということが分かり、よかった。
・鳥を大切にすることは、環境を大切にすることだと思えるようになった。
・トビなどのもうきん類の目は望遠レンズのようになっていると聞いて、すごいと思った。
・カワセミが見られて、とてもよかった。
・地域の人たちに、鴨川の野鳥のことを知ってもらえたことと、鴨川の環境がよいことが分かった。

野鳥の学習をして、私は野鳥に興味を持てました。それは、野鳥はすんでいる場所の環境によって、性質や体の大きさ、形が変わっていくのがとてもおもしろいと思ったからです。

新しい鳥が見つかったときは、鴨川にはこんな鳥もいたんだなと思えて、とても楽しいです。

野鳥の観察をしているうちに、どんな場所に鳥がいるかがわかってきて、次々と鳥を発見できるようになりました。

私たちの作った野鳥新聞で、鴨川にはたくさんの種類の野鳥がいることが、大勢の人にわかってもらえたらいいなと思いました。

野鳥の学習をして、野鳥のすむ環境を大切にすることは、自分たち自身の住む環境をも大切にすることにもつながるんだと思いました。

⑦保護者の評価から

ア、子どもの成長と野鳥学習

・野鳥学習はたいへんよかったと思います。学習したことや、見た鳥のことを、家でもよく話してくれます。庭先にも様々な鳥が飛んでくるので、子どもに、「あの鳥は何」と聞いたり、「お母さん、今そこにルリビタキがおるで」と声をかけてくれたり、弟と野鳥観察をしたりしています。鴨川の環境にもよく合った学習で、よく身に付き、親も楽しめました。

・６年生になってから、学習内容を家でよく話すようになりました。特に「野鳥学習」を始めてから、野鳥のことがよく話題に出ました。図鑑で調べたり、実際に野鳥を見に行ったり、本を借りたりして、興味を持って調べるようになりました。野球以外のことに興味を持ったのは初めてで、びっくりしています。一つのことをとことん調べるという姿勢が少しは身に付いたかなと思います。子どもにとって、とてもよい経験をさせてもらい、よかったと思います。

イ、野鳥学習の家庭への影響

・私たち家族の知らない鳥が、この地球に、近くに生きていること、自然が大切なことがわかって、よかったと思います。楽しい野鳥学習でよかったです。

・「野鳥」のことを家でよく話すので、妹も興味を持ち始め、いっしょに空を見上げるようになりました。野鳥の名前も少しは覚えました。モズがカナメモチの木にカエルを串刺しにしているのを見つけて、モズは肉食だからなと考えていました。自分で見つけたことや、思ったことなど、食事の場や父親と入る風呂の中で、今までよりもずっと多く話し合えるようになり、会話がふえました。

ウ、地域の声

地域の方から、丁寧な手紙をいただきました。

失礼します

先日ポストの中に、鴨川小学校6年生発行の「鴨川野鳥新聞」第2号が届いていました。私はさっそく庭先で立ち読みしていました。自然の中で、子どもたちが胸をときめかせて、観察した様子や感動が伝わってきました。

今回は木々も落葉し、冬の装いを始めた11月12日、鴨川に生息する野鳥がたくさん載っています。夏に頂いた第1号を見ようと、さがしてもなかなか見つかりません。6年生の大畑君にお借りして、コピーをさせてもらおうと電話をしましたら、学校で先生にもらってきて上げるとのこと、申し訳なく思いながら、お言葉に甘えてしまった次第でございます。

学校では学期末を控えて、何かとご多用の中、さっそくお届けいただき、本当にありがとうございました。私はこの新聞を見せていただき、鴨川に生息する野鳥の多さに驚きました。と同時に、ホッと安心した気持ちにもなりました。６年生の皆さんの野鳥観察記録新聞のおかげで、知らないいろいろな鳥のことを学ばせていただきました。畑仕事をしながら、ガワーガワーの鳴き声に、あっ、あれはハシボソだなとか、今の声はなんだろうとか、いつしかバードウォッチングをしている自分に気がつきます。

鴨川の子どもたちは、野鳥観察を通して、人へのやさしい心、思いやりの心がしっかりと育まれていくことと信じております。本当にありがとうございました。

先ずはお礼まで

(3) 野鳥学習を終えて

私も子どもも初めて取り組んだ野鳥学習。芝田さんのご指導やご支援、地域の方の励ましによって、子どもたちは大きな収穫を得ることができました。

今思いますと、最初のツバメの学習が子どもたちを大きく変えたと思います。最初「各家のツバメの巣の数と種類、ツバメについてどう思うか」を聞いてくるだけのインタビューを指示したのですが、よその家にインタビューに行くのが初めての子どもたちは、意を決して出かけたと思います。

地域の人は、その不安な子どもたちの気持ちを汲んで、やさしく答えてくださいました。それで子どもたちは安心し、インタビューを通して地域に対する信頼感を持ったと思います。

それから巣の分解です。私も驚きました。ツバメと他の鳥の巣が、巣を作る材料こそ違え構造的には同じになっていることにです。身近な材料をうまく用い、丈夫で保温効果を保てるように作られていることに子どもたちも気づきました。鳥はすごい知恵を持っている。このことが、のちのちの学習意欲向上につながっていきました。

また、4度にわたるバードウォッチングは、子どもたちの学習意欲を大きくかき立てました。とりわけ芝田さんが来られてからは、子どもたちの鳥を見る目が違ってきました。野鳥に興味を持った子どもたちは、一度見た鳥を忘れません。帰ってきてから、野鳥新聞を作成する際に、野鳥の絵をトレーシングペーパーで写し、いろんな本でその鳥のことを調べ、記事にする中で鳥のことを知っていったのです。そして、登下校時に見た鳥の名前を言いあい、鳥に対する知識をふやし、それを共有していったのです。そして、兄弟や家族にも野鳥とその魅力を伝えてくれました。

それから、子どもたちがパソコンで作った野鳥新聞を地域全戸に配布しました。息子や娘たちが働くために都会に出て暮らし、夫婦あるいは一人で家と田を守っているお年寄りが多い中、子どもたちが届けた新聞は大事に読んでいただけたようです。軒先や庭に来る野鳥は、一人暮らしのお年寄りにとって心和むものであろうと思います。子どもたちの作った新聞を読んで、この鳥は何だろうと見てくださったのではないでしょうか。

また、山間の村の中を自転車で上ったり下ったりしながら、1軒1軒新聞を配布している子どもたちに、「ありがとう」とか、「いい新聞作ったな」とか、励ましていただいて、子どもたちは元気をもらいました。

私も野鳥学習をしてきて、鳥の愛らしさに心をひかれました。とりわけカワセミの色の美しさ、セグロセキレイの仕草の愛らしさ、カルガモ親子の絆の強さ、ジョウビタキやツグミの羽の配色の美しさに心を動かされました。野鳥の本を何冊か買い込み、自分の見た鳥を調べる中で野鳥の名前もかなり覚えることができました。そして、機会を見つけてカメラを持って写真を撮りに回るようになりました。

私は前任校で、汚れた東条川を教材に、東条川を美しくする環境学習を実践してきました。ところが、山紫水明の鴨川では、「川をきれいにしよう」という環境学習はなりたちません。豊かな自然環境の中でどう環境学習をすればよいか悩んでいた時期もありましたが、野鳥学習で十分に環境学習ができました。「自然は人間だけのものではない。鳥にも自然が必要だということが分かりよかった」と書いてくれた子が出てきました。

昨年度に「鴨川にはスーパーやコンビニもなく、ただ自然だけの村や」と言った子どもがいました。今年度の6年生は違います。「鳥がたくさんいることは環境がよいということだから、そんな環境を大切にしていきたい」と考える子どもたちが出てきたのですから。「山紫水明の鴨川は、昔の日本が大事にしてきたものを大切に残している地域だ。都会は便利さと引き替えに、野鳥や野の花、美しい水やおいしい空気、人や自然に対するやさしさなどを失ってきた」と、私は思うようになりました。

4 サワガニを教材にした2・3年生複式学級での実践

(1) 学習の概要

学校のすぐ西を流れる渓流に、たくさんのサワガニがいるのです。このサワガニをつかまえて、教室で飼育、観察をするところから学習を始めました。その際に市の図書館からサワガニの本を借りてきて、飼育法や生態を理解しました。

自分たちの村で、サワガニがどこに多いかを調べに行き、地図に落としていきました。すると、サワガニは渓流はもちろんのこと鴨川の本流、用水路など、鴨川のどこにでもいることが分かったのです。

本で調べたことや飼育する中で自分たちが知ったことをクイズにして、全校生と保護者に答えてもらい、サワガニのことを知ってもらいました。

それから鴨川の注ぎ込む東条川に行くことにしました。子どもたちは、鴨川が注ぎ込んでいるのですから、「サワガニがたくさんいるだろう」と予想していました。

バスで東条に行き、東条川に降りてサワガニがいるかどうかを

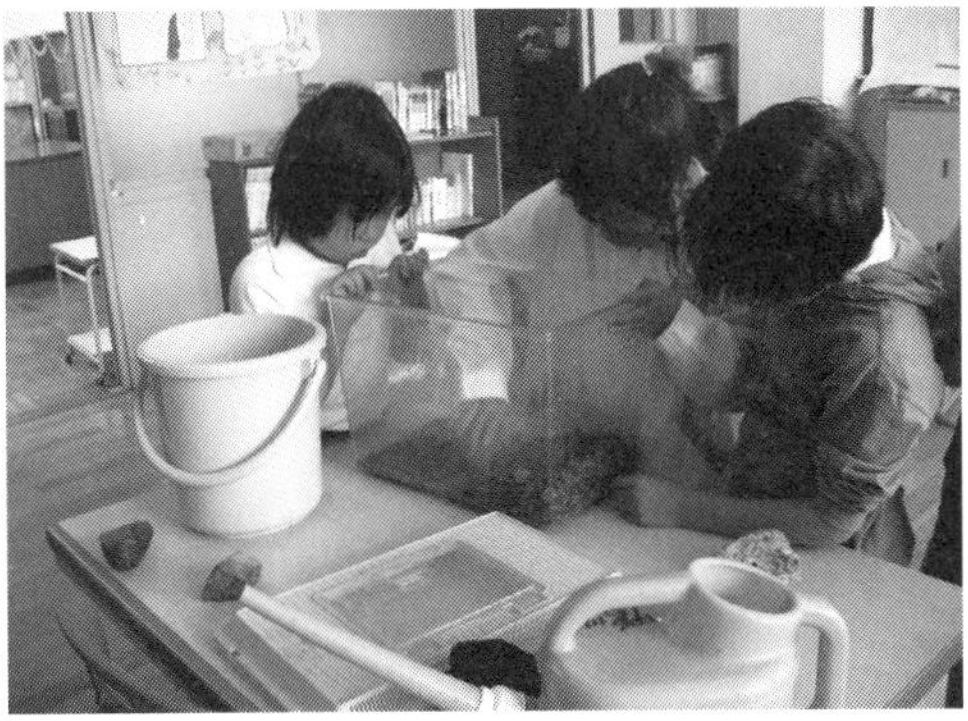

サワガニの飼育

調べました。すると、サワガニは1匹も見つからなかったのです。子どもたちは、「鴨川と違い東条川は臭く、水が汚れているように見える」と言いました。それに、泥がたまっている所もあり、それでサワガニがすめないのだと考えました。

それで、電気伝導度計で調べると、165と高い数値が出ました。この電気伝導度計というのは、水にはいろいろな物質を溶かす性質があり、物質が溶け込むと、多くの場合電気が流れやすくなるという特性を利用し、水の汚れを間接的に知る計器なのです。ちなみに、雨水では10～30マイクロジーメンス（μs／cm）、河川上流のきれいな水では50～100（μs／cm）、河川下流の汚れた水では200～400（μs／cm）です。

また、パックテストでCOD値を調べると、8を超えました。パックテストとは水の汚れを知る簡易水質検査キッズです。CODとは化学的酸素要求量のことで、水の汚れ（有機物）を薬品（過マンガン酸カリウム）で化学反応させる時に消費される酸素の量のことで、ちなみに、「きれいな水」は1以下で、「少し汚れた水」は3以下です。「汚れた水」になると5以下で、「大変汚れた水」は8以下です。CODで測れるのは、主に有機物による汚れです。

子どもたちは東条川の汚れのひどさに、がっかりしたのです。

それから学校に帰り、今度は鴨川のCOD値を調べることにしました。子どもたちは喜んでパックテストの試料を持って帰りました。東条川とは違って鴨川ではよい結果がきっと出ると思っていたのです。ところが、翌日子どもたちは暗い顔で登校してきました。COD値の6や8の所があるというのです。もちろん0～3の所もあるのですが。

鴨川水質検査結果　2005年11月20日～28日調べ

	鴨川本流 (1)鴨川の郷	〃 (2)集落の北	神山川①キャンプ場	〃②中谷橋	〃③中谷墓地	〃④住吉橋東	鴨川本流 (3)T君家前	〃 (4)Nさん家前	越道川①ひょうたん池前	〃②ホタル養殖場下	西の川①児童館西	〃②Hさん裏	越道川③住宅前	〃④住宅横	〃⑤M家裏	〃⑥K家北	鴨川本流 (5)下水処理場南	(6)東条湖入り口	滝谷川北①	〃南②
水温	9	10	7	8	8.5	8	10	11	9	11	11	11	11	10	10	10.5	9.5	8	10	10
COD	3	3	0	8	8	5	3	4	2	3	3	3	6	6	6	5	6	4	0	4
電気伝導度	37	69	53	94	100	72	100	102	70	260	65	74	220	220	210	220	121	124	46	62
ペーハー	6.6	6.5	7.8	7.4	7.8	6.9	7.8	9.0	7.8	6.8	7.2	7.1	9.0	7.7	7.2	8.4	9.1	8	7.6	7
川のよごれ	ゴミなし	ゴミあり	ゴミなし	ゴミあり	ゴミあり	ゴミなし	ゴミあり	ゴミなし	ゴミあり	ゴミなし	ゴミなし	ゴミなし	ゴミなし	ゴミなし	ゴミなし	アオミドロ	アオミドロ	ゴミあり	ゴミなし	ゴミなし
水生生物の有無	○	○	○	△	×	○	○	×	△	○	○	○	○	○	○	△	○	×	○	×
ゴミの有無	○	△	○	△	×	○	△	○	△	○	○	○	○	○	○	○	×	×	○	○
近くに山や林	○	○	○	×	×	○	○	○	○	×	○	○	△	△	△	○	○	○	○	○
木の伐採	○	○	○	×	×	○	○	○	○	○	○	○	△	○	○	○	○	○	○	○
護岸(自然)	△	△	○	×	×	△	×	×	○	×	○	×	×	×	×	×	×	△	○	○
気になること				コンクリートの魚道	水のあわ												セイタカアワダチソウ	たくさんのゴミ		

翌日私は、子どもたちの調べた所に行き、電気伝導度計で計測してみました。すると、50を切る所もあったのですが、「上流のきれいな水」の100前後の所が多かったのです。中には200を超え「下流の汚れた水」と判定されるような所も出てきました。私は頭を抱えてしまいました。

それで、「県立人と自然の博物館」の主任研究員佐藤裕司さんに相談しました。すると、佐藤さんは以下の仮説を立てられました。

Ａ　田の肥料分を含んだ排水や生活排水が川に流れ込んでいる。

Ｂ　地層の中にあるマンガンがパックテストの薬品と反応し、高い数値を出している。

さらに佐藤さんの助言を受けて、亜硝酸とアンモニアのパックテストを試みました。すると、０の所もあるのですが、20ヵ所中５ヵ所で「中流域の汚れ」という結果が出てしまいました。

その結果は、兵庫県立福崎高校生物担当の久後地平教諭のご指導で、高学年の児童が昨年と一昨年の夏休みに実施した「水生生物による川の汚れ調査」の結果「水質階級Ⅱ、栄養塩の流入がある中流域の環境」とも合致したのです。

「水生生物による川の汚れ調査」とは、カゲロウやサワガニなど、川底にすんでいる生きものは、水のきれいさの程度（水質）を反映しているので、どのような生きものがすんでいるか調べることによって、その地点の水質を知ろうとするものです。全国水生生物調査では、29種類の水の中にすむ生きものを選び、川にどの生きものが多く見られたかを調べることで、水の汚れの程度を判定しているのです。この調査は、パックテストや電気伝導度計による一地点の一時的な汚れではなく、長期間にわたる汚れを知ることができるのです。

サワガニを捕ったり水質調査をしたりするために、子どもたちは何度も川に行っています。それで、「中流域の汚れ」の原因を2年生・3年生なりに考えました。すると、川の中や縁にあるたくさんのゴミに目が行きました。それで、子どもたちは鴨川クリーン活動をしたいと言いだし、冬休みに家族と一緒に「鴨川ゴミパトロール」をすることにしたのです。

3学期に、ゴミパトロールで川から拾ったゴミを学校に持ってきてもらい、みんなで分別することにしました。その時ゴミのいっぱい入った袋から、サワガニが出てきたのです。子どもたちは「これはダメだ」と考えました。

そして、地域の人も多数見にこられる「6年生を送る会」で、人形劇を自作自演することにしたのです。「サワガニの今は人間の未来」というテーマで、シナリオはみんなで考えました。兵庫教育大学の漫画の上手な学生にサワガニの絵を描いてもらい、それをもとに段ボールで人形の形を作りました。それに私が2本の棒を付けて、左右に動くようにしました。

関西人らしく、笑いの中にゴミという深刻な社会問題があることをあぶりだす人形劇は観客に大変受け、演じきった子どもたちは大喜びしました。

(2) サワガニの実践が導いた環境学習深化へのヒント

ア、環境問題はどこにでも存在する

山紫水明の鴨川でも、大量のゴミが山や川、道路脇などに投棄され、景観を台無しにしています。

また、田や畑から肥料分が流失して川の水質を悪化させています。それに、1年生が育てたアサガオに赤斑ができるほどの酸性雨が降っています。そのことを知り、私は衝撃を受けました。鴨川といえども別天地ではなかったのです。このことから私は、日本のたいていの学校で、環境学習ができると考えるようになりました。

イ、見えないもの、気づかないものを、科学的調査で「見える化」する

パックテストや電気伝導度計、「水生生物による水の汚れ調査」などをうまくやれば、水の汚れをかなり確かに知ることができると思います。すると、子どもは原因を調べて、何とかしたいと考えるようになります。

また、東条川でのサワガニ分布調査もよかったと思います。サワガニが「鴨川にだけいる」ことが分かり、東条川のように汚れるとサワガニがいなくなるので、「鴨川をきれいなままにしておきたい」と、子どもたちは考えるようになりました。

ウ、生物を教材にして対象に愛着を持たせる

3ヵ月間サワガニを飼育しつづけたこともよかったと思いました。子どもたちはサワガニ1匹1匹に名前を付け、よく観察していました。そして、いろんな生態を知り、愛着を持つようにもなったのです。それがあったからこそ、ゴミの中からサワガニが飛び出してきた時に、「かわいそうや」「これではダメだ」とみんなが思い、「鴨川の川にゴミを捨てなくなるような人形劇を作ろう」と大奮闘し

たのでした。そのことから、小学校の中学年の環境学習では、生きものを教材にすると効果的だな、と感じました。

エ、表現活動を大事に

この実践では最後に人形劇を作って自分たちの主張を表現し、全校生や地域の人に見てもらおうと考えたのです。

サワガニの人形劇の練習

2年生2人と3年生5人の複式学級ですから、「シナリオが書けるかな」と私は心配していました。それで、「サワガニの言いたいこと」をセリフにするよう指示しました。すると、子どもたちは川の調査やクリーン活動といった様々な体験の中で、「言いたいこと」をたくさん持っていたので、いろいろなセリフが集まりました。それを私が、「昔のサワガニの家族」と「今のサワガニの家族」さらに「未来のサワガニの家族」の3幕の物語に整理すると、意外と簡単に人形劇のシナリオができあがりました。それは、2年生の女子と3年生の女子に物語の好きな子がいて、彼女らが大筋を書いてくれたからです。また、サワガニの絵は兵庫教育大学の漫画好きの学生が描いてくれたのを手本にして、絵の上手な男の子たちが描きました。人形を動かす装置と舞台は私が作りました。

体育館の後ろの方にいる人にも見えるようにと、人形を大きくしたため重くなって、2・3年生の体力では動かすのが精一杯となりました。それでセリフをあらかじめ録音し、カセットテープに合わせて動かすことにしました。そのセリフを読むのも、シナリオを書いた女子たちがリードしてくれました。人形を動かすのは意外にも難しく、サワガニがなかなか思うように動いてはくれませんでした。その時、一人の女子が体全体を使って人形を動かしたのです。そのサワガニはまるで生きているように見えました。それを見てみんながまねると、人形がそれぞれ生きて動きだしました。

このように、人形劇を創作して自分たちの思いを表現する過程で、一人一人の良さが生きました。そして、それぞれの友だちの良さを発見することができました。これこそ学級経営の要だと、私自身改めて気づかされました。

それと、表現活動の良さにも気づかされました。人形劇をしていると、観客のざわめきや集中、共感や感動の反応が舞台裏まで伝わってくるのです。人形劇を演じることで、自分たちのサワガニ学習の評価が同時にできるのです。だから、演じ終わって舞台の前に出た時、いつもははずかしがりやの男の子たちも誇らしげな顔をしていました。

(3) 環境のよい所でも環境学習はなりたつ

山紫水明の鴨川でも、環境問題とは無縁ではありません。心ないドライバーのポイ捨てゴミが、道路脇の水路を通して川に流れ込んでいます。水害防止の堤防工事が魚の隠れる所をなくし、農業用水確保のための井堰工事が魚の遡上を阻害し、魚種と魚の量を大きく減らしています。ミシシッピアカミミガメ（ミドリガメ）やブラックバスの増加が、在来種を駆逐しています。

このように、注意深く見ていけば、どこにでも環境問題は存在しています。その一つを教材にして深めていけば、環境学習は十分に可能だと考えます。

また、野鳥学習のように、野鳥の種類とその数が多いのは、山や川、ため池や水田があり、豊かな自然環境があるからなのです。「この自然環境を大切に維持していこう」という環境学習もありだと考えます。

東条東小学校のように、全校や地域上げての実践にはなりませんでしたが、それは私の力不足もありますが、鴨川では環境問題が切迫していないことも一因だと考えています。何も無理に全校で実践する必要はないと思います。ただ言葉だけで「環境を大切に」を唱えるのではなくて、一つの生きものを通して環境というものを見つめ直し、人間だけの自然ではなくて、「全ての生きものにとっての自然である」ことに気づかせるだけでも、子どもにとって大きな価値があると思います。

第5章　環境学習の何が大切なのか

どうして環境学習を、また「総合学習の手法」にこだわって、そこまで情熱を注いで実践するのか？「この超多忙の中で教科教育だけでも大変なのに、総合的な学習にまで手が回らない。その上、環境学習など……」と思ってしまう読者の方が多いと思います。

1　総合的な学習の時間が提起された背景

1996年に中教審が「横断的・総合的な学習」を提起した頃には、学級崩壊が全国的な社会問題となっていたのです。そして、1998年の教育課程の改訂で「総合的な学習の時間」が創設されたのです。それは、「教師の硬直した子どもへの対応や現在の授業の質をどのように変えていくのかを、学校と教師にとって避けることのできない課題」ととらえ、「子どもが自ら課題を見つけ、問題解決を進めていく能力を育成すること、学び方やものの考え方を身につけ、主体的、創造的に問題解決や探究に取り組み、生きる力を形成していくことをその目標」にしたのです。

これは、「従来の知識伝達的な授業の変革を求めるもの」(1)との指摘が示すように、従来の教え込み授業だけでは子どもが育たず、教員の授業力も向上しないと考えられたからなのです。

2　総合的な学習が本格的に展開されなかったわけ

「総合的な学習の時間」を創設した学習指導要領が告示されたのは1998年。2年余りの試行期間を経て本格的に実施されたのは2002年4月からです。

しかし、その総合的な学習は本格的には展開されなかったのです。それには様々な理由があります。一つは、本格実施直前の2002年1月に文科省は「学びのすすめ」を出し、「ゆとり」から「学力向上」に方向転換したような印象を教育現場に与えたことがあります。その背景には、その指導要領が「教科を教える時間を3割少なくし、教える内容も3割削減、そのうえで総合的な学習の時間という体験学習をする授業を新設」[2]したため、「学力が低下する」という猛烈な批判を招いたことがあります。[3]それをマスコミが大々的に取り上げ、「ゆとり教育」に反対の世論が形成されていったのです。

もう一つは、「総合的な学習の時間」は従来の教科教育とはまったく異質のものであり、先生方自身がその授業を受けた経験がなく、教科書もないのです。それで、先生方は、何をしたらよいのか分からないこともあったのです。

また、各学校では試行期間内に「総合的な学習のカリキュラム」を作ることを強いられました。でも、その多くは、総合的な学習の主旨をきちんと理解した上で作成されたのではありません。そのせいか、国語や社会、理科の教科書教材の発展としてカリキュラムを作ったものが多く、「自ら考え、自ら学び、自分で課題を見つけ、自分で解決する力」を養うものとは、とうてい言えないものとなっています。

このような状況では、総合的な学習をしても教育効果は上がりません。そのためか、総合的な学習の時間に対する嫌悪感を持っている教員もいますし、「総合的な学習の時代はもう終わった」と公言する教員もいます。その上、学力テストが毎年実施され、市町村別平均点を公開する地域も出ている昨今、総合的な学習の実施に力を入れることなど論外だと思っている教員も多いと思います。多くの学校では今、総合的な学習の時間は他教科の補充授業や諸行事の準備、学力テストの「過去問」などをする時間となっています。

3 なぜ総合的な学習の時間なのか

右記のような「ゆとり＝学力低下」批判の大合唱や、「総合的な学習の時間は、落ちこぼれ切り捨て策の一環として出てきた」[4]という研究者もいる中で、総合的な学習の時間の可能性について語る研究者もいました。その一人が門脇厚司筑波大学教授（当時）です。門脇は「子どもの社会力を育てる」という観点から、４つの可能性ないし効果が期待できると記しています。

①子どもたちが地域の多くの大人たちと出会い交わることになり、社会のおおもとである他者への関心と愛着と信頼感を培うことになる。

②グループを組んで共通の課題に取り組むことによって、他の人と協力して何かをやること、力を合わせて何かをやり遂げることの楽しさや喜びを実感することができる。
③具体的な課題ないし問題に取り組み、自分で考え、自分で調べ、といった作業や苦労を重ねながら、最終的にその課題や問題について何らかの解答や解決策をまとめ上げることができたときの成就感や達成感が、その子の自信を培うことになる。
④課題に主体的に取り組み、課題解決のために新しい体験を重ねることが、そのことを通して自分自身を知り、自分の能力や持ち味が何であるかに気づくことにつながる。[5]

門脇は「自然体験であれ、社会体験であれ、ものづくり体験であれ、総合学習の中で行うさまざまな体験は、すべてその子の自己認識ないし自己確認を促すことにつながるといえる。すなわち、人間の成長にとって最も重要ともいえるこうした可能性を、総合学習は内包している[6]」と断言しています。

確かに「ゆとり教育」最後の学習指導要領の目玉として「総合的な学習の時間」が設定されたのですが、門脇の指摘を吟味することなく、総合的な学習の時間を切り捨ててしまうのは、いささか乱暴に過ぎるのではないでしょうか。

また、「学力低下」批判をリードした岡部恒治埼玉大学教授らは低学力の原因を、「学生が自分から考えることをしなくなったからで、分数ができないのは、その一つの例に過ぎません[7]」としています。同じく西村和雄京都大学経済学研究所教授は「大学生・大学院生の学力低下については多様化入試、少数科目入試の影響[8]」を指摘しています。同様に小中学生の学力低下については、「職場の多忙化で、生徒と余裕を持って接する時間も、授業の準備時間のない」ことや、「教科書が薄く、断片的な内容になっている」こと、「練習問題も少なく、補わなければならないものが多すぎる」[9]と記しています。さらに、「高校生が学校外で勉強しない」[10]ことも指摘しています。

これらを考えあわせると、低学力の原因は文科省の教育行政の全般にわたって原因があり、総合的な学習の時間を実施する、しないは低学力とは大きな関係がないと思われます。むしろ、総合的な学習の時間を上手く活用し、学ぶ意味の分かるテーマを選び、子どもたちが主体的に喜んで取り組む学習を展開すれば、学習意欲が増し、考える力もつくのではないでしょうか。

4　どうして環境学習なのか

そもそも環境学習とは、どんな教育をいうのでしょうか。私の2007年から2008年に実施した「兵庫県内小学校環境教育調査」では、学校内外のクリーン活動を環境学習としている学校が多くありました。「花いっぱい運動」を環境学習だとする学校も少なくありません[11]。公害の学習を環境学習だと思っている教員もいると思います。

クリーン活動や花いっぱい運動を「学習」ということには無理がありますが、公害学習はどうでしょうか。岩田好宏（子どもと自然学会前会長）は、「公害学習は社会的な面に中心が置かれ、環境の基盤となっている自然には十分に目を向けていなかったことや、環境については人類と地球全体に目を向けないといけないのに、（公害学習は）地域ないし国内の問題に限定されていたこともあることから、環境教育の前身の一つである」[12]としています。

そうであれば、環境学習とはどのような教育なのでしょうか。

安藤聡彦（埼玉大学教授）は「環境教育とは、質の高い環境の実現と質の高い人間形成の実現とを接合するための営為」[13]としています。大森享（北海道教育大学教授）は、「環境教育は、個人の置かれている社会的諸関係をも視野に入れ、自己選択・思想形成を大切にしながらその人の自己変革を促す教育である」[14]としています。いずれも環境に対する知識獲得をメインにするのではなく、環境をよくしようと働きかけていく中で、自分はもちろんのこと地域をも変えていく教育だとしています。

もし、教科教育で質の高い環境や人間形成の実現を図ろうとすると、各教科にはそれぞれ固有の目標があり、その両方の実現には様々な無理が生じてきます。環境学習でこそ、その実現は可能だと私は考えます。

そのためには「教師による与えられた知識に対する学習者個人の獲得のみに着目するのではなく、子どもと子ども、教師と子ども集団、教師・子ども集団と探究を促すネットワークの構築による市民・行政・市民団体との共同性を育て、協同的学習主体として課題を探求し、探究を通じて獲得した知を学習者自身が構成することによって学習が成立するという視座（協同的学習主体形成）が必要である」[15]と、大森は指摘しています。教師による環境に対する知識を教えこむ環境教育ではなく、市民や行政の参加を得て子ども主体で環境学習を展開していけば、その中で子どもも教員も大きく成長し、持続可能な環境も少しずつ実現していくと、私も考えます。

5　なぜ地域に教材を求めるのか

小学生にとって地域は、自分の暮らしている身近な環境です。その環境について、自ら調べることが可能です。自分の家族や近所の人からは、「昔はどうだったか」とか、「別の場所はどうなのか」などの情報も得ることができ、時系列で見たり他所との比較をしたりして、考えを深めることができます。そして、問題を発見しその解決に向けて方策を考える時には、地域をよく知る地元の人や行政の人、専門家から話を聞くことができます。解決法が決まれば、家族や近所の人、地元の人と力を合わせてその解決に向けて働きかけることが可能となります。

それが遠いところだと、調査活動もできないし、解決に向けて働きかけることもできません。それに、身近な地域であればこそ、子どもたちは大きな関心を持つことができるのです。

6　総合学習の手法で展開する環境学習が培う力

その低学力批判の中で私は約10年間、環境学習を総合学習の手法で、毎年1本ずつ実践しつづけました。その間、「子どもたちが低学力になった」と保護者から批判を受けるようなことは一切ありませんでした。

むしろ、門脇の主張する効果を見出せたと私は考えています。９本の総合学習を実践していく中で、以下の六つの能力が培えたのではないかと思います。

(1) コミュニケーション能力の向上

子どもたちに、体験するたびに作文を書くよう指示しました。子どもたちは体験したことはもちろんのこと、体験から感じたことや考えたことを書いていきます。体験には具体性がありますので、子どもたちは作文を容易に書くことができます。

それをみんなで読みあわせをしていくうちに、「みんな同じようなことを感じているんだな」と、共感の輪が広がるようになります。と同時に、共感できる作文やおもしろい作文に対して賞賛が寄せられるようになります。そうなりますと、学級に温かい雰囲気が出てきます。すると、子どもたちは安心して作文を書くことができ、作文をますます好きになり、一人一人の作文力がみるみる向上していきます。

時にはその作文をもとに意見交換をし、みんなで考えを深めていきます。話し言葉とは違い、書き言葉は何度でも読み返せますし、その意味を立ち止まって考えあうこともできます。作文に表れた友だち間の意見の「違い」や、友だちと自分の意見の「違い」を、どう自分のものにしていくかで、その子の思考が深まります。それを言葉に出して表現し、みんなで考えあえば、みんなの思いがより深まります。もちろんこの力は、教科の学習にも生きてきます。

その過程でみんなの思いを深めたり、うまくまとめてくれたりする意見を述べた子に、みんなの敬意が集まります。このようなことを繰り返して、クラスのみんなが発言するようになってきますと、授業が参加型になり活性化します。それに、子ども同士の意見交換がスムーズになっていき、学級経営も楽になっていきます。

竹内常一は次のように記しています。「生徒が自己を表現し、他者と交流することのなかで『ことば』と出会い、『自分のことば』と『自他に共通することば』をつくり出そうとしはじめたことをよく示している。彼女らは自分のことばが他者に聞き取られ、返されてくることのなかで、つまり相互応答のなかで自分のことばに力があることを知るのであり、他者と話し合い・論じ合って現実世界にむけての共同の行動を組織することのなかで、『ことば』の力に開眼している」(16)

これはとても重要な指摘だと考えます。一つだけの正解を見つけ出したり、結果的に先生の意図を感知し、それに沿ってうまく答えることを求めたりするような授業の中では、子どもたちを発表するようにいくら訓練しても、真のコミュニケーション能力は育ちようがありません。

地域の方や専門家とのコミュニケーションも大事です。その人たちに何度も来てもらうわけにはいきませんので、事前にみんなで話し合い、たずねたいことを共有しておきます。そうすれば、少々難しい言葉で話されても、子どもたちは聞き続けることができます。

地域の人や専門家を招いての学習をした後には、子どもたちが礼状を書きます。自分たちの思いを受け止め、この地に長く住み様々な困難を解決してきた地域の人に対して、子どもたちは敬意を抱くようになります。また、専門的見地から解決方法を示してくれた専門家に対して、敬意とともに「あこがれ」のような感情を持つことがあります。

地域の人や専門家は、子どもたちの礼状の端々からそれを汲み取り、自分の思いを子どもたちがしつかり受け取ってくれたことを喜びます。そして、時には礼状をくださることがあります。このことは、「そうした人間関係の中にいることが自分自身の喜びにつながり、自信や意欲や自尊心を高め、自分の存在価値を自覚することになる」[17]のです。

コミュニケーションとは、知識だけでなく心をもやりとりして、互いに成長することなのではないでしょうか。そして、これは門脇の言う①と②、④の効果と重なるのではないでしょうか。

(2) 思考力

子どもたちの作った課題が大きければ大きいほど、答えはなかなか見つからなくなります。例えば、山紫水明の鴨川小学校で、「地元を流れる川の魚を増やすには、どうすれば良いか」が課題になった時、子どもたちは答えを容易に見つけ出すことができませんでした。最初に「川の水質を良くすること」を思いついたのですが、もともと水のきれいな川でしたので、それはないだろうということになりました。

考えあぐねている時に、地元の方から「コンクリート護岸の川では、魚の隠れる所がないだろう」と指摘されました。確かに川にはシラサギがたくさんいることから、「これは大問題だ」と子どもたちは考えるようになりました。その際に、地元の方から「大水が出た時、川に近い自分の家が浸かってもいいのか」と問われました。子どもたちは「いい」とはけっして言えないので、悩んでしまいました。

専門家からは、「護岸工事だけでなく、乾田化を図るため田を高くして、排水路の口を川の水面より高い位置に設置した。それで魚が排水路から田の中に入って産卵できなくなった。その上、用水路をU字溝にしたことで、魚のかくれ場所をなくしてしまった」と教えられました。乾田化やU字溝は省力化につながり、農民にはありがたいことが、魚にとっては生命を脅かす凶器となるのです。そのことに気づいた子どもたちは、頭を抱えてしまいました。「人にも魚にもよい」というようにはできないのかと。

このように、現実の社会には正解なんて簡単に見つかりません。一方を立てれば、もう一方は立たないことがよくあります。そんな状況の中で、両者が得をする道を探るような粘り強い思考力が、21世紀を生きる子どもたちには、より必要となってきているのではないでしょうか。

(3) 表現力

長い時間をかけて学びつづけてきた環境学習では、子どもたちの心の中に、多くの人に聞いてほしいことが蓄積していきます。まとめの段階で、その気持ちを生かして大きな「表現」に挑戦させるのです。

体育館のような広い場所で、たくさんの人に聞いてもらうには、大きな声を出す必要もありますが、文字や絵はもちろんのこと、歌や器楽、時には人形や自分自身をも使っての演劇など、相手の心に響く表現に挑戦させたいものです。

そうすると、自分たちの思っていることをみんなで表現するわけですから、練習にも力が入り、教員が予定していたよりも少ない時間で仕上げてしまいます。しかも、発表会当日の子どもたちの表情や満足度は、「やらされる」発表会とはまったく違ってきます。

また、新聞作りに挑戦するのもおもしろいです。体験の中から自分たちの伝えたいことができてきます。それを新聞という形で表現するのです。その作成過程で子どもたちのそれぞれの個性が発揮されます。絵の上手な子が生きたり、図鑑の解説を読み大事な所だけをうまくキャッチできる子、わかりやすい文の書ける子がそれぞれの力を生かします。その新聞を校区に全戸配布すれば、地域から大きな反響が返ってきて、表現することの喜びが倍加します。

劇による表現活動もおもしろいです。子どもたちは、私たち大人が思っている以上の表現者です。短い時間に驚くほど見事な演劇を創り上げてくれます。あらすじを考える子、シナリオを書く子、実際に演じる子、大道具や小道具を作る子、演劇を見て改良点を指摘してくれる子……。この子にこんな力があったのかと思わせるほど、子どもたちが活躍してくれます。そういう子どもたちの姿を見ることほど、教員にとってうれしいものはありません。

これは門脇の言う③と④の効果と重なる部分があります。

大田堯東京大学名誉教授は「子どもたちが自分の持ち味をほんの少しでも自覚できて、自分の人生を自分でつくっていくための、ちょっとした自信を持つことができさえすれば十分だと思うのです。学校はドラマ。みんなが出番を持てる劇場。しかも小さな劇場になってほしい。これが私の夢なんです[18]」と述べている。

1年間かけて一つの環境学習をやりとげる過程そのものが、小さなドラマの連続です。そして、最後にはクラスみんなで大きなドラマを仕上げるのです。その中にも、一人一人に大小様々なドラマが展開されていくのです。

⑷ 協力する力

教科教育では、グループ学習など協力して学習をしてきても、けっきょく一人一人の到達度を点数で評価してしまいます。それでは本当の協力、共同する力は育ちません。

その点、環境学習はそうではありません。一つの正解などありません。みんなで協力、共同して一つの環境学習を進めてきて、自分たちで見つけ出した宝物があるのです。最終段階で、それを多くの人に発表する機会を持ちます。

その際に、たとえ一人一人が発言していても、個々人が評価されるということはありません。全体で何を訴えようとしているのか、それが正当なものなのか、それがうまく伝えられているのか、クラス全体の力が評価されるのです。

一方、子どもたち一人一人は、クラス全体の思いをうまく表現するため、自分がどれだけ力になれたかを自己評価し、かつ相互に評価をしあいます。そこでは、友だちのよさが見え、互いに認めあい、そこにクラスの和が形成されていきます[19]。

「テストの点数の取り合い競争に馴染むことによって、『他の子の失敗は自分の得になる』ことを身をもって学習している現代っ子には、他の人と協力して何かをやる志向が欠けているといわれる。そうしたメンタリティがいじめを生み、蔓延させる一因になっているいま、他の人と協力して何かをやりとげることがこんなにも楽しいことであったと実感することの意義は、計り知れない[20]」と門脇は記しています。

また、このような学習では、子どもから親への直接的な対話以外に学級通信という形で家庭に、時には新聞記事となって地域に発信されます。それを見て、親たちは自分たちにできることはないかと考えてくれるようになります。それが親子の関係をよくするばかりか、教員と保護者の関係をも改善してくれます。それが教員の力量を大きくアップさせてくれます。

これは門脇の言う②の効果と重なるのではないでしょうか。

(5) 地域の現実を知り、解決しようとする力

教科書よりも地域の現実そのものを教材にした方が、現実を見る力は格段につきます。教科教育はどうしても教科ごとに細分化された知識や技能がうまくつくように設計されています。

でも、現実の社会はとても複雑で総合的なのです。一つの教科の能力でもって現実をリアルに見ていくことなど不可能に近いといえます。各教科で培った知識や技能を総合して、「自ら学び、自ら考え」て現実問題に迫っていこうとしない限り、今生じている「環境問題や少子高齢化、情報化などの諸課題にはまったく対処できず[21]」、学校で学んだ知識は校門を出ないのではないでしょうか。

総合的な学習の時間などに現実の問題をテーマにし、その解決を図る学習を積極的に実施していかないと、子どもたちは「テストでよい点を取る」以外の学ぶ意味を見出すことができず、学ぶ意欲を年々喪失していく[22]のではないでしょうか。

一方、地元の川にいる魚や野鳥などを丁寧に見て、そこにどんな問題が生じているのか、地域の人

や専門家がそれらをどう理解し、解決策を考えているのかを知ることによって得られるものは、はかり知れないものです。自分の住んでいる地域には、「かけがえのない風土があり、かけがえのない地域がある、それとともにわれわれが生きている[23]」ことを知るようになり、そのかけがえのない風土を自分も守っていきたいと考えるようになるのです。

また、一般的に「社会力のない」とも言われている私たち教員も、「児童生徒と同じ課題に取り組み、その課題を解決すべく、地域の大人たちの協力を得ながら、一緒に考え一緒に学び続けていく[24]」中で、地域や行政、いろいろな団体とつながりができ、教員自身の社会力も育っていくのです。

(6) 教員と子ども、地域とが共同して授業を創り出す力

現実の一つの環境問題解決をめざす総合学習は、教え込み授業からの脱却を図ってくれます。現実の社会を見る中で、子どもたちが学習課題をつくり、解決していく中で様々な能力が育まれていくことに教員が気づけば、それが教科の授業改造へとつながっていきます。

国語でも、子どもが学習課題をつくる授業を創造することができます。社会科でも理科でも、一つの単元の授業構想を練りなおすことで、子どもたちの疑問や不思議を解決していく授業づくりが可能になります。一部の授業でそれを取り入れることによって、子どもたちの学習への参加度が高くなり、子どもたちの満足度が上がってきます。

その体験を繰りかえす中で、教員はどうすれば子どもが学習課題をつくるか、どうやってその課題を解決していくかが見えてきます。そうやって子どもと共同して授業を創り出す力が磨かれてきます。

そのことが、教員と児童・保護者を、サービスの提供者と消費者という単純な関係に終わらせずに、教員と児童、場合によっては保護者も加わって、共によりよいものを創っていこうとする関係に組み替えていくことになります。(25) そうなると、子どもと保護者の関係もよくなっていき、学校批判も減って先生方も安心して職務に専念できるようになります。

ある日子どもが「お母さん、洗剤は何使っとるのん」「アクリルタワシにしぃよ」「ラーメンの汁は捨てたら川が汚れるからダメ」「油を土に捨てたら微生物が死んでしまうやん」「この服汚れていないから、もう一日着るわ」と言いました。今までに見たこと聞いたこともない熱意ある口調で、真剣な顔です。秋には友達とスーパーに調査に出かけ、あるときは川に行き、全身びしょ濡れになり魚を捕まえて帰ってきました。「この子はいったい何を考え、何をしようとしているのか」不思議に思っていました。

その後、学校通信や学級通信の子どもの作文を見て、川の学習をしていると分かり始めました。そして、３学期の土曜ふれあい「親子クリーン活動」の日、各学年の発表を聞き、今までの子どもの行動が理解でき、頭の下がる思いになりました。

汚れた川を自分たちの問題、学習と考え、自分たちで何とかしようとしている一生懸命で、前向きな態度に私は鳥肌が立ち、胸が熱くなりました。と同時に、「今の子は……」と悪評をよく耳にしますが、「この子たちは違う!!」と叫びたい気持ちになりました。

この川の学習を通して、何事にも強く、粘りある子どもに育ってくれると信じました。そして、

「できることから無理せず挑戦しよう」と、参加者大人が声をそろえて誓うことができ、とてもうれしく思いました。

これからがスタートです。子どもと共通の課題を持てたことを喜び、美しい東条川に早く戻る日を楽しみに、地域に広めていきたいと思っております。

（東条東小ＰＴＡ会員）(26)

専門家の指導による東条川教員研修

学校で一つの環境学習に取り組むことは、教員集団をも大きく成長させていきました。ふだん学級担任はそれぞれの教室で、教科書を用いて教科教育に取り組んでいます。ところが、東条川学習を始めた時から、教員集団が大きく変わりました。それは教科書も指導書もないからです。東条川学習をしようと思っても、何を教えたらよいのかが分かりません。「教えたい内容や探究したい主題をありあまるほど抱いていないならば、『総合的な学習』はおそろしく形骸化し無意味で無味乾燥なものになってしまい(27)」ます。

それで、まず東条川を知ることが大事だと、職員研修を始めました。東条川をよく知る古老を招いて話を聞いたり、専門家と一緒に東条川の水質調査をしたり、東条川をゴムボートで下ったりもしました。自らも東条川を上り下りして、何を教材に、何を目標にしたらよいのか考えました。どこにいけば安全で安心な川遊びができるか調査する教員もいました。そうして、実践の内容や講師に招く人の情報を教員間で交換をしたり、地域の人や専門家を教室に招いての授業づくりも始めました。

次に、子どもたちの学びを記録するだけでなく、それを掲示し、みんなで学びあおうとしたのです。そのために自作の掲示板を廊下や階段の壁に設置し、子どもたちの学びの写真や作文を掲示しました。

それから、授業研究にも力を入れました。総合的な学習は教科の授業とはまた違っているので、あちこちの研究者にも授業を見てもらい、指導してもらいました。

最後に、授業で子どもたちや教員たちが調べたことを、それぞれのものにだけしておくのはもったいないと、副読本「生命かがやけ東条川」を編集し、校区1000戸に配布しました。その印刷・製本には教職員が関わりました。

佐藤学（東京大学名誉教授）は「教師は一人では成長しない。専門家として学び成長する教師は、モデルとなる先輩から学び、同僚の仲間と学び合い、後輩の成長を支援することで学び合って成長している[28]」と記しています。

私は東条川学習を始めるまで、理科教育研究を長い間やってきていましたが、このような教職員間の学び合いはあまり体験したことがありませんでした。それが今回このような活発な学びあいができたのは、多様な方面から切り込みのできる東条川を題材にしたことや、教職員の年齢的なバランスがよかったこと、意欲のある教職員が集まっていたこと、全職員のスタートラインが同じだったことなどがあると思います。

このような好条件が作用して、私たちは、佐藤の言う「教師が学び育ち合う学校―同僚性の構築(29)」という体験をすることができたのです。

7　子どもを育てにくい従来の教科教育の背景

この多忙の中、わざわざ総合学習の手法で環境学習をしなくても、教科教育をうまくやれば、子どもも教員も育つのではないかと思われる方も多いと思います。私も長い間そう考えていました。しかし、総合学習の手法で環境学習をしていく中で、従来の教科教育の問題点も見えてきました。

佐貫浩（法政大学名誉教授）は「教育課程の全体構造は、当然にもそのなかに人間評価の価値体系を含むことによって、子ども・青年の生活を評価し価値づけるメッセージを含んでいる。たとえば、現代の学校教育は、競争のシステムとして位置づけられていることによって、子どもたちに独自の生存競争的な能力主義の価値意識を強要している(30)」。そして、そのメッセージとして、以下の4点を記しています。

①能力こそ、そしてそれを表す学力偏差値こそが人間の価値を表しており、能力の優劣にしたがった差別は当然のことである。

②腕力や暴力こそ最高の力であり、民主主義はそのような力を越えることができない。正義はより強力な暴力を持つときにのみ表現される。

③良い子、良い生徒とは、自分の考えを押さえ、学校と教師へ忠誠を表明することである。秩序とは、強者の論理への服従によって維持されるものである。
④教授＝学習とは、既に解明された科学や知識を記憶し、その苦役としての記録の「成果」によって人間の能力を評価し、ランクづける営みである。[31]

教員はそれをまったく意識せずに日々子どもたちを教育していますが、子どもたちには「隠れたカリキュラム」のように、能力主義的な価値意識が醸成されていくのです。これでは真の人間形成はできません。

8　ほんものの先生としての再出発

環境学習を総合学習の手法で展開していくうちに、子どもと教員の間に協力・共同の関係が育まれ、教員自身も大きく成長することができるのです。

かつて小学校で環境学習を実践していた大森は「ある時日々の子どもの生活から、子どもの持つパワーに気づき驚きそれが子ども達への信頼や期待に変化していった時――教師が子どもに学び、子ども観が変化した時――授業は変革される。教師は子どもから学び、教師として成長し続けていく[32]」と記しています。

その授業の変革は、「学びにおける『質と平等の同時追求』、プログラム型（『目標・達成・評価』の単元による知識・技能の習得）のカリキュラムからプロジェクト型（『主題・探究・表現』の単元による知識・技能の活用＝思考・探究中心）のカリキュラムへの移行、一斉授業から協同的学びを中心とする授業への転換、『教える専門家』から『学びの専門家』としての教師の役割転換[33]」がなされていくと佐藤は指摘しています。

総合学習の手法で展開する環境学習では、子どもたちが主体的に学び、これからの時代を生きていくのに必要な能力を養っていけるのではないでしょうか。また、これらの能力を教科教育だけで育てようとすると、かなり困難を要すると思います。

そこで、教科教育の力を伸ばしつつ、総合学習も取り入れて、幅広い教育実践を積みあげていくことが必要ではないでしょうか。そのことで教員自身も、よりよい授業を組み立てていく力を伸ばせるのではないでしょうか。

こんなにもやり甲斐のある学習を展開しないことは、もったいないと思います。

佐貫は教育実践を以下のように意味づけています。「教育実践もまた、……自分自身の存在のかけがえのなさの感覚と人間として生きる目的と価値を立ち上げる営みでなければならない。声を上げる民主主義を教育の場に回復すること、教師が人間と教育を貫く価値とは何かを探究し合う声を回復することは、もう一度教育の仕事を、教育実践として、すなわち教師の情熱と専門性をかけた、子どもの尊厳の回復のための創造的挑戦として取り返す出発点に立つことである[34]」

総合学習の手法で展開する環境学習は、佐貫のいう「子どもの尊厳の回復のための創造的挑戦」に最適だと思います。その過程で、教員である自分自身の尊厳の回復も図られていくと確信しています。

引用文献

（1）稲垣忠彦『総合学習を創る』（岩波書店、２０００年）６～７頁
（2）門脇厚司『学校の社会力』（朝日新聞社、２００２年）85頁
（3）岡部恒治「進行してきた学力低下」『子どもの学力を回復する』（数研出版、２００５年）62頁
（4）同前、76頁
（5）門脇厚司　前掲書、91～92頁
（6）門脇厚司　前掲書、92頁
（7）岡部恒治　前掲書、64頁
（8）西村和雄「大学生・大学院生の学力」『子どもの学力を回復する』（数研出版、２００５年）85頁
（9）西村和雄「小中学生の学力低下」同前、１０９頁
（10）西村和雄「アジアの他の国に遅れをとる日本」同前、１１８頁
（11）岸本清明「兵庫県内小学校における環境学習の実態とその改善に関する研究」兵庫県立大学大学院環境人間学研究科修士論文、15頁
（12）岩田好宏『環境教育とは何か』（緑風出版、２０１３年）18～22頁
（13）安藤聡彦「自己変革としての環境教育」『地域・労働・貧困と教育』（かもがわ出版、２０１３年）１１５～１１６頁
（14）大森享『小学校環境教育実践試論』（創風社、２００４年）11頁
（15）大森享『地域と結ぶ学校環境教育』（創風社、２０１１年）11頁
（16）竹内常一『新・生活指導の理論』（高文研、２０１６年）１３１頁
（17）門脇厚司『社会力を育てる』（岩波新書、２０１０年）66頁
（18）佐藤隆「教育とは何か」大田堯さんに聞く『教育』No.８４７（かもがわ出版、２０１６年8月号）45頁
（19）岸本清明「総合学習開魂園の竹やぶは病気です」『歴史地理教育』No.８２０（２０１４年6月号、２００９年）
（20）門脇厚司　前掲書、91頁
（21）守屋淳「学びの主体とは何か」守屋淳編著『子どもを学びの主体として育てる』（ぎょうせい、２０１４年）5頁

（22）門脇厚司　前掲書、62頁
（23）内山節「地域に生きる思想」『教育』No.８４２（かもがわ出版、２０１６年3月号）81頁
（24）門脇厚司　前掲書、２３５頁
（25）久冨善之「日本の学校と子どもたちの学校体験」『教育』No.８３４（かもがわ出版、２０１５年7月号）11頁
（26）東条東小学校『生命かがやけ東条川』２０００年、１０４頁
（27）佐藤学『カリキュラムの批評』（世織書房、１９９６年）４５１頁
（28）佐藤学『専門家として教師を育てる』（岩波書店、２０１５年）１２０頁
（29）同前、１１７頁
（30）佐貫浩『学校改革を考える』（花伝社、１９９０年）82〜83頁
（31）同前、83頁
（32）大森享『小学校環境教育実践試論』（創風社、２００４年）20頁
（33）佐藤学　前掲書、16頁
（34）佐貫浩「日本社会と教育の新しい物語を描く」『教育』No.８４７（かもがわ出版、２０１６年8月号）10〜11頁

第6章　環境学習をどう作るか

環境問題を解決しようと、子どもたちが自分自身の行動を変え、他の人に「一緒にやろう」と呼びかけるような環境学習。その学びの過程で子どもたちの様々な能力を育み、子どもたちやクラス、学校も変わるようにするには、どのようにしたらよいのでしょうか。

私は様々な環境学習に取り組むうちに、下記の八つの方法が必須だと考えるようになりました。

1　地域にある素材を一つ選び、教材とする

「地域にある素材を一つ選ぶ」ということはとても難しいと思われるかも知れません。しかし、その気になれば素材はいくつも転がっています。酸性の雨は降っていますし、温暖化のスピードも加速しています。川や池、道端はゴミだらけですし、野ではイノシシやシカ、アライグマやサルがふえ、農作物に大きな被害をもたらしています。里山は放置されて荒廃し、竹が猛烈な勢いで勢力を拡大しています。ツバメは巣を作る場所を奪われ、カラスやムクドリ、カワウはふえつづけています。用水路に魚は見られず、川やため池にはミシシッピアカミミガメ（ミドリガメ）とオオクチバスが増殖し、

夏にはアオコが発生しています。

都市部では緑地は年々少なくなっていき、ヒートアイランド現象が加速しています。道路も狭く、細い道まで車が猛スピードで進入してきます。そこには空き缶やペットボトルが転がっています。あちこちに空き家やシャッターを閉ざした商店も見られます。最近ではイノシシが人を襲うことも珍しくなくなってきました。

カメラを持ってその気で地域を見て歩くと、けっこう環境問題が見えてきます。そして、地域の方にそこの昔の様子を聞くと、今との大きな違いが見えてくることがあります。よくなったことがある反面、問題点もいくつか出てきます。その中の環境問題に関係することがらを扱うのも一案です。

また、各地域に「自然愛好会」のような市民クラブがあります。そこで話を聞くのもよいと思います。解決に向けての知恵を授けてくださったり、子どもたちに直接話をしてくださることも期待できます。

高校や大学、博物館などに地域の自然や環境、歴史に大きな関心を持ち、様々な調査をしている人たちがおられます。そこに当たるのも一案です。

いろんな人から話を聞き、「自分自身の心の動いたことで、そのクラスの子どもたちが追究しやすく、地域に働きかけやすい題材」を選ぶのがよいのではないでしょうか。

2　子どもを学習主体とする

教科教育では、指導時間の制約があり、テストで評価することから、結果的に「教科書に書いてある知識を効率的にしっかり教え込む授業」になりがちです。しかし、これからの複雑な社会問題が山積する時代を乗り切っていくためには、「子どものときから身の回りの問題を自らの問題として主体的に考え、学んできたという経験がどうしても必要[1]」だと思います。

それに、教員がいくら情熱を込めて環境問題を話しても、子どもたちがそれをきちんと受け止めてくれるかどうかは不確かです。教員が教え込むよりも、子どもたちが主体となって追究する授業にした方がよいのです。それは、子どもたちが互いに思いを出しあい、考えあって、よい結論を導きだすからです。その過程で、子どもたちが学ぶ喜びを感じ、互いのことを理解しあうようになっていくからです。

そのためには、子どもたち自身が学習課題を作りだすことが重要です。教員が決めた学習課題をやらせていては、子ども主体の学習活動にはなりません。

子どもたち自身が学習課題を作るようになるには、まず子どもたちが体験活動を十分にすることが必要です。例えば魚を教材にするのだったら、魚を網で捕ったり、釣ったりすることから始めます。場所や時間を変え、何度も挑戦させるのです。そして、捕まえた魚の一部を、教室に持ち込んだ水槽で飼育します。その体験の中で、子どもは「何が問題なのか」をしだいにつかんでいくのと同時に、「解決へのヒント」をも得ていくのです。しかも、飼育する中で、生き物に対して愛着を感じるようになっていきます。そうなると、「問題を何とかして解決してやりたい」と思うようになり、取り組む意欲が倍加されるのです。だから、体験活動を思い切ってたっぷりさせることが大切だと思います。

3　学習課題の設定とその追究法

活動するたびに、子どもたちに作文を書かせます。それは、子どもたちに改めて考えさせると同時に、みんなで読みあう中で、知識や情報、それぞれの思いを共有していくために大事なのです。時には疑問を書かせます。簡単な疑問については、子どもたちが解決してしまいます。でも、「外来魚をどう減らすか」とか、「ゴミ問題をどう解決するか」など、大きな問題が残ってきます。これらは簡単には解決できません。そこで、その問題を学習課題にするのです。

学習課題ができたら、各課題を班に分け分担して取り組ませるのではなくて、できる限りクラス全体で一つ一つの課題に取り組むようにします。それは、子どもたちは、自分の体験していないこと、自分があまり考えたことのないことを、いくら他の子どもから丁寧に説明されても、心から分かる段階にはなかなか至らないからです。ですから、一つ一つの課題にできる限りクラス全体で取り組んでいくようにするのです。クラスは個々様々に感じ、ものをとらえ、考えを持つ子がいますので、広く深く追究できます。それに、共通の体験を持っていると、友だちの言っていることが自分にも分かり、学習をおもしろく感じるのです。それに、クラスにはいろんな能力を持つ子がいますので、クイズやプレゼンテーション、音楽や劇といったダイナミックな表現活動にもつながっていきます。

クラスで一つの課題を追究する過程で、一人ではできないことが、クラスみんなが知恵や力を出しあう中で、楽々とより効果的にできていくことを体験していきます。それを繰りかえす中で、互いの思いを理解しあい、共感し尊敬しあうようになっていくのです。そうなるとクラスの雰囲気が、どんどんよくなっていきます。

門脇は、今の子どもに欠けている「社会力」を身につけさせるために、「互いに理解し共感し合っている他の人たちと一緒に考え、一緒に学び、一緒に行動したほうがいい[2]」と主張しています。

そのためには、情報の共有が必要となってきます。何が今問題になっているのか、今どの問題をどういう方法で解決しようとしているのか、子どもたちの思いを学級通信にし、それを読みあうことで一人一人にしっかり把握させたいものです。

4　地域や行政の人、専門家の参加

学習課題の解決には、地域の人や行政の人、専門家に入ってもらいます。

地域の人は、「その地に暮らす生活者で、暮らしの専門家」です。「生活環境を対象化せず一体となって暮らしを組み立て、問題を解決して日々を生きています」。それで「長年の経験がものをいい、また先人の知恵や伝承を受け継いでいます[3]」ので、その地域ならではの解決法を提案してくれます。

行政の人は、日々様々な問題を解決してきています。そのノウハウを子どもたちに伝授してくれます。それに、様々な人や情報を知っています。この問題についてはこの人が最適だと紹介してくれたり、役立つ情報を提供したりしてくれます。

専門家を招いての環境学習

地元の人を招いての環境学習

専門家は自分の「専門をもとに現場で経験を積み、知恵を発揮④」してくれます。専門家同士の交流があったり、いろんな地域で問題解決をしてきていますので、的確な問題解決法を提案してくれます。

だから、学習課題の解決には今どのような解決法が必要なのかをよく考え、地域の人や行政、専門家の中から、それぞれ最適の人に来てもらうようにすればいいのです。

その際に、教員がそれらの人たちから回答を聞いてきて、それを子どもたちに伝えるというやり方は避けた方がいいと思います。そうではなくて、子どもたちに直接話をしてもらう方がよいと思います。その道を歩んできた人だけにできる深い理解にもとづく話を、子どもたちにしてくれるからです。それが子どもたちの心に響き、その人たちに対する敬意が生まれ、課題を解決した喜び以上のものを、子どもたちに与えてくれるのです。

またこれらの人たちは、授業の最後に今後の学習展開のヒントを助言してくれることもありますから、直接話を聞くことは教員にとっても有益なのです。

それに、地域の人は子どもたちの学習活動に協力できたことに喜びを感じて、私たちが期待する以上の協力をしてくれるようになります。また、子どもたちのことを、様々な機会に他の人たちに話をしてくれ、学校と地域の信頼関係が向上するという副産物を生じることもあります(5)。

5　子どもが周りに働きかけ、問題解決に向けた行動をする

環境問題の多くは、自分たちがその解決に向けて動かなくては解決できません。しかし、環境問題は1960年代の公害のように目に見える姿で現れているわけではありません。それで、みんなで注意深く凝視し、見えるようにしていくことが必要なのです。そこから、その原因を探り、地域の人にインタビューをしたり、専門家から直接話を聞く機会を持ったりして、解決への展望を見いだすのです。そして、いよいよ解決に向けて動いていくわけです。

しかし、自分たちだけが動いても、効果はなかなか現れてはきません。そこで、より多くの人に伝え、協力を得ることが必要となってくるのです。そのためには、自分たちの学んできたことを、ビラやポスター、プレゼンや劇など、何らかの形で表現していくことになります。

でも、心配はいりません。今を生きる子どもたちは表現活動に喜んで取り組みます。そして、多くの場合、子どもたちは見事に表現しきります。それは、学習の過程で、多くの人に伝えたいことが山ほどできているわけですから。

「表現とは、直接物に触れる経験を通して、センス・感性、さらにはイントネーションや想像力を含んで、自分をつくることそのものだと思います。それは自己の表現をとおして、他者との関係をつ

くり、自分を知ることでもあるのです[6]」

このように、表現それ自体に価値があります。子どもたちそれぞれが、自分の思いをみんなで磨きあって表現すれば、それぞれに得るものは大きいと思います。

6　学んだことを保護者や地域に返す

子どもたちの学びの時々を、学級通信という形で保護者に報告しますと、関心を持ってもらえます。そして、その学びを閉じる折には、1年間の学びを振り返るもの（実践記録）として小冊子にまとめて配布します。すると、それを読んだ保護者は、今までの子どもの発言や行動のすべてがつながり、長きにわたった学びの意味と価値を理解してくれます。そして、その学びを導いた教員に感謝の言葉と、自分に協力できることがあればやりたいとの返事を寄せてくれるようになります。そのことが、「また来年このような学習をやりたい」という気持ちを高めてくれます。

時には、新聞社に取材を申し込むことも有益だと考えます。新聞に載ることによって、子どもたちは、自分たちのやってきたことを広く知ってもらえるばかりか、自分たちの実践の社会的な価値を知ることができるからです。

7　総合的な学習の時間を使う

このような環境学習を展開するには、50時間ほどが必要となります。その時間は、「総合的な学習の時間」を使います。それは、総合的な学習の主旨「①自ら課題を見付け、自ら学び、自ら考え、主体的に判断し、よりよく問題を解決する資質や能力を育てること。②学び方やものの考え方を身に付け、問題の解決や探究活動に主体的、創造的に取り組む態度を育て、自己の在り方生き方を考えることができるようにすること」と、見事に合致しているからです。

この時間を有効に使って、上記のような環境学習を展開すれば、子どもたちは生き生きと活動し、教員もやり甲斐を感じ、いわば学習指導要領の「総合的な学習の時間」の典型のような教育実践ができてきます。

細切れにいろいろな体験をさせたり、環境問題に関する知識をネットなどで調べさせたりしていては、いつまでたっても総合的な学習の主旨に合致するような実践はできません。だから、思い切って一つの課題にしぼって挑戦してみてはいかがでしょうか。

8　教員が教育方法を転換する

このような環境学習を成立させるには、教員は教育方法を転換せねばなりません。

まず、教科書がありませんので、子どもたちと学習課題をつくり、自分たちで追究していかなければなりません。ネットや本で得た知識を子どもたちに与えるような教育手法では効果がありません。そうではなくて、子どもを信じて、地域の人や行政、専門家の協力を得て、子どもと一緒に「学びを創っていく」というスタイルに教育手法を転換していくことが必要となります。

だが、今のような超過密カリキュラムの中、しかも、学力テストをはじめ、様々なテストがあり、一人一人の教員や学校が評価され、地域によっては学力テスト結果が公表される時代になってきている現状では、私の言う八つの方法を実施することは、なかなか容易なことではありません。

そうかといって、今までのような教育をしていても、なかなか効果が上がらなくなってきているのも事実ではないでしょうか。金馬国晴（横浜国大教授）は、「既に数十年も前から、学力の剝落、および『日本型高学力』（テストの点は比較的上位だが、学習意欲など情意面では下位）などと言われてきた。剝落の要因は、試験や入試の突破に向けた断片的な知識の記憶を、パターンに当てはめ、マニュアルどおりに処理をするドリル中心の授業や浅漬けの対策勉強にあろう[7]」と、「学力」向上を目指す教育の問題点を指摘しています。

守屋淳（北海道大学教授）は、「子どもの主体を育てない授業をどれほど効率良く行ったとしても、それは教育をしたことにはならないのではないか、時間的なやりくりは上手に工夫しながら、子どもたちが本気で考えているときには、子どもたちが納得するまで、できるだけ探究を続けることによって、主体として学ぶ子どもたちが育つ[8]」と記しています。

また、岩川直樹（埼玉大学教授）は豊かな学びの必要性を説いています。「たとえなにをどれだけ教えても、学ぶということのゆたかさを分かちあうことができなかったら、それはもっともたいせつななにかを教えそこなうことになる。学びのゆたかさとはなんのか、どんなとき人は生き生きと学ぶのか、多義的で奥行きをもったその問いに安易に答えはだせない。しかし、このことは言える。つまらない学びしか知らない子どもは、人間の本能ともいえる学びへの欲望をいつのまにか萎えさせてしまうのに対して、たった一度の学びの体験でも、そのときの身体に刻まれたゆたかな学びの記憶が、その人を生涯励ましつづけることもあるのだと。そのことの重みを胸底に沈めたい[9]」と。

あなたの始めた環境学習が、子どもの心と身体に刻まれ、一生の宝となってその子を生涯励ましつづけるとしたら、実践してみる価値はありますよね。

引用文献

(1) 守屋淳「学びの主体とは何か」守屋淳編集著『子どもを学びの主体として育てる』(ぎょうせい、2014年)27頁
(2) 門脇厚司『学校の社会力』(朝日新聞社、2002年)84頁
(3) 山浦晴男『地域再生入門』(筑摩新書、2015年)32頁
(4) 同前
(5) 門脇厚司 前掲書、93頁
(6) 佐藤隆「教育とは何か」大田尭さんに聞く『教育』№847(かもがわ出版、2016年8月号)42頁
(7) 金馬国晴「テスト収斂システムが教育を壊す」『教育』№825(かもがわ出版、2014年10月号)9頁
(8) 守屋淳 前掲書、42頁
(9) 岩川直樹『総合学習を学びの広場に』(大月書店、2000年)21頁

謝　辞

本書の出版にあたり、たくさんの方々にお世話になりました。

まず、東条川学習に着目し、それを世に出そうと様々な企画をし、出版にまでつなげてくださった藤岡貞彦さん（一橋大学名誉教授）。本書の構成を提案し、自らインタビューもし、何度もアドバイスをくださった安藤聡彦さん（埼玉大学）。大学での出前講座やサークルでたびたび報告する機会を作ってくださった金馬国晴さん（横浜国立大学）にお礼申し上げます。

次に、私を一人前の「先生」に導いてくれた教え子たちに感謝します。授業のやり方や学級経営の方法を教えてくれた新任の頃の教え子たち。経験を重ねるにつれて私が困難にぶち当たり苦悩していた際、その解決に動いてくれた子どもたち。子どもには本来力が備わっていて、それを信じて働きかければ、自分たちで解決していく存在なんだと気づかせてくれました。ベテランの域に入ってからは東条川学習を始め、へき地の小学校でも環境学習を継続しました。子ども主体で保護者や地域の方々、専門家や行政の人と一緒に「学びや学校教育を創るおもしろさ」を体得させてくれた子どもたち。「もう一つの教育があったのだ」と大きな発見をさせてくれました。

最後に、授業や行事、学校づくりに共に汗を流してくれた同僚の皆さん、私の思いや願いを汲み取り、様々なやり方でご支援いただいた保護者や地域の方々、たくさんの専門家や研究者、行政の方々にお礼申し上げます。

２０１７年３月吉日

岸本　清明

補論1

岸本実践における「総合性」——その希望

金馬国晴＝横浜国立大学

はじめに——先生の印象から

岸本（清明・本著者）とは、10年以上にわたってメールや手紙のやりとりをし、年に何回か訪問して参観や議論を重ねてきた。関東のどんな先生に比べても、長く深い関わりだ。

岸本は優しいし、しかも厳しい。いや、厳しいからこそ優しいとも言える。授業中は、子どもたちを前にしてはにこやかで、やっぱり関西人だなーというひょうきんさも見せる。とはいえ、職員室や車中で話を伺うなどして議論していると、ときにキリッと厳しい表情で、本書にあるような現場への憂いを語られる。職場や教育界のただ中にいて、周囲を鋭く見つめており、そのとらえ方をズバッと語られる。熱いハートと柔らかい心を兼ね備えている。時と場合によって使い分けをする日和見ではなく、常に相まったひとまとまりの精神が存在し、一つの実践の中にも熱さと柔らかさの両方が見て取れるのである。

「総合」学習といえる理由

岸本の一つ一つの教育実践のなかにも、様々な要素が「総合」されていると見る。私は2002年に、「ある小学校教師の実践過程にみる「総合的」な発想――総合学習における「協同活動」モデルの構築をめざして」というテーマで、「東条川」の実践分析文を出したことがある（日本教師教育学会『日本教師教育学会年報』11号）。そこでは、岸本の実践のうちに、以下の「対立の解決」（二元論の克服、いわば弁証法）を読み取ったのである。

すなわち、（1）学習指導と生活指導を総合し、（2）教師が次々と学習課題を提案しつつも、子ども達の声と行動、状況に学んで柔軟に変更する。しかも、（3）この教師と子ども達との一連の活動は、校外の大人や専門家の「参加」によって深まり、（4）隣の学級・後輩、家庭・地域・行政の大人達へと広げられ、彼らもまた子どものため、自分のために活動した。（5）以上のことに研究者も関わり、何らかの発想を見出し合うような研究を通じて、理論と実践も総合されていった。といったいくつかの点に、対立の解決を読み取った。

岸本の「東条川」などの実践はいかにも「総合」学習らしい。それは典型的に、上記のようにふつう対立しがちな要素を全て取り込み、含み込んでいるからだと思う。岸本がいう「問題解決」のための「行動」や「活動」こそ、これらのどれをも包括したものだ。

学習指導要領上の「総合的な学習の時間」もまた、こうとらえ直すべきではないか。一般的にも、教育論議では、しばしば対立した要素が見出され、論争が繰り返されてきた。その解決は、それらの対立を一つの実践（活動、単元）のうちに調停しようと「総合」的に発展させていくことにあると思う。その見通しを示すことこそ教育学の役割だろう。

とくに、総合の先駆といえる戦後新教育をリードした梅根悟（１９０３～１９８０）が正面から問うたし、新教育に関わった他の教育学者の多くが、ほぼこの視点をもっていた。総合は児童中心主義や経験主義という限りは、彼らはその元祖である。だが、そもそも「総合」的な発想を含んで言っていた主義なのだ。梅根が委員長を務めた日教組の委員会で提案がされた総合学習も、以下の定義（意義の項にある）に見るように、そこにポイントがあった。

「個別的な教科の学習や、学級、学校内外の諸活動で獲得した知識や能力を総合して、地域や国民の現実的諸課題について、共同で学習し、その過程を通して、社会認識と自然認識の統一を深め、認識と行動の不一致をなくし、主権者としての立場の自覚を深めることをめざすもの」（教育制度検討委員会〈第一次〉、『わかる授業楽しい学校を創る教育課程改革試案——中央教育課程検討委員会報告』一ツ橋書房、１９７６年、２４３頁）

岸本実践の妙味——環境学習として

本書でとりあげられた岸本実践の中心は、環境教育である。ただし岸本は、環境教育ではなく環境学習と呼んでおり、とはいえ子ども任せではなく教師の主導性を強調していることなどがまさに、「総合」的な特徴なのだと思う。とくに岸本が大事としている総合性は、地域の専門家、大学の研究者との連携なのだと思う（右記の（３）（５））。岸本は子どもが専門家と関わる中から、上述してきた「対立の解決」と「総合的」な視点を実現している。子どもたちは自分たちで自由に活動しているようだが、押さえるべき課題が立てられており、専門家に突きつける場面をはさむことで、妥協なく追究がなされている（これこそ文科省のいう「探究」か）。単なる体験に終わってしまわないため、総合学習でも学力、というより広い意味の能力が身につくという夢がもてる。

子どもの学習経験に校外の専門家の学問経験を接続させることは、新教育の代表的な思想家のジョン・デューイ（1859〜1952、アメリカ）が主張したことでもあり、東大名誉教授で日本教育学会元会長の佐藤学が、デューイの思想のうちで重視する面の一つでもある。

つまり、単に子どもを自由に放任するのでなく、そこに大人の活動や学習、いわば科学や社会改良を絡めようとすること。こうした発想こそ、政策でも現場でも忘れ去られており、岸本実践の妙味であるように思うのだ。私はとりわけ総合的な学習の時間や生活科がはいまわってきた一因は、この新教育的なとらえが弱かったからと考えている。

地域の教育環境のようなものの支え

これだけ「総合」学習らしい岸本のような実践は、そうそう見られるものではない。だからこそ私は長い間おつきあいしてきたが、他の学級、学校でも進めていくにはどうしたらいいか。方法をスキル的、マニュアル的に模倣すればいいわけではない。何か自分や自校に足りない気がするなら、地域の教育環境のようなものが異なるからでもある。

私が岸本の地域に通った理由のもう一つが、この地域性に関連する。戦後初期の先生方やその教え子へのインタビューを、岸本に恩師や元同僚を紹介していただいて進めてきた。実はそうした先生方の試みを、岸本は無意識的にも引き継いでいることが見えてきたのだ。

兵庫県は戦後初期には、今で言う神戸大学発達科学部附属小学校（当時の兵庫師範学校女子部附属小学校）もあったのだから、総合の先駆といえる戦後新教育が盛んであったし、その後も形を変えて根付いていったという経緯が、インタビューから見えてきた。ここでは書き切れないことなのだが、例えば岸本の恩師の話には、いわゆる戦後新教育が収束した後も、作文教育の形で続けられてきたことがわかってきた（大前信義、稲継静江ほか）。岸本の「総合」実践に、それらの影響がにじんでいるのではないか。

だが今や、岸本がいうように、兵庫をはじめ関西には、総合学習を忌避して学力向上になだれ込むような動きが強いようだ。百マス計算を発明した岸本裕史を輩出した県でもある。とはいえ、小学校教師の仕事には狭い意味の学力の向上もあるが、広い意味の学力や生活力の養成なども含まれており、両側面があるはずだ。学力は確かに大事だが、高校合格を得ても就職できなくなった今、学力向上は確かに重要と思いつつ、それだけでいいのかという疑問がわいてくる。

教員養成・教員研修の課題として

私が読者とともに考えたい大問題は、岸本が若い頃、岸本裕史の落ち研（学力の基礎を鍛え落ちこぼれをなくす研究会）の実践家であり、百マス計算をバリバリやらせる教師であったこと、そこから脱する過程にこそ総合学習が活用されていったことだ（このことも前掲の拙著で分析した）。教師としての成長においては、方法やスキルの上達よりも、教育の概念そのものを問い直し、思想を鍛え直すことが大事であったということが見える。

私は東日本大震災の被災地、石巻市雄勝地区の徳水博志ともつきあってきたが、彼の「故郷を愛し、故郷を復興する」教育実践のポイントもまた、思想の確かさにある（日本生活教育連盟『生活教育』生活ジャーナル社の連載「雄勝だより」など）。３・11後、岸本や徳水に学んだ実践を私もめざして、学生たちや若手などの現職教員が成長もできるように指導する、いや私も大学教員としてともに育つことを、課題として自覚していきたい。

おわりに

今、全国学力・学習状況調査などにより、いわば「学力向上のブルドーザー」に押しつぶされていっている先生方の苦悩が聞こえる。いやそもそも、考えすぎずに、こだわりもなくスマートに引きずり込まれればいいとの諦めや、子どもの頃から競争になじんだ慣れ症さえ見受けられる。だが子どもの今や将来の生活を少し考え込んでみるならば、学力向上だけでは足りなくなってくると思うのではないか。厳しい見方で周囲を見回しつつ、柔軟な思想、優しい実践を、意識的に生み出していくような試みが必要なのだと思う。それらの点で、岸本実践は「希望に向けた試金石」ともいえよう。

金馬国晴（きんま・くにはる）一九七三年生まれ。横浜国立大学教育学部教員。

補論2　岸本実践を発展させる

本章では、加東市のベテラン教員と他市（加西市）の若手教員が、地元のため池を教材にした総合学習を展開した例を示しています。岸本の提案した方法を用いれば、効果ある総合学習を展開できる可能性があることを見ていきましょう。

子どもたちの〝目〟が語る総合的な学習の在り方

黒田浩介＝加西市立加西特別支援学校（前加西市立富合小学校）

はじめに

私は6年目の教員です。学校教育の全体像がようやく見え始め、子どもとの関わり方や指導の在り方、保護者との関係づくりなども分かりつつあります。

しかし、その私にとっても「総合的な学習」というのは、正直言って先の見えない学習でした。教科教育のように指導書があり、「目標―方法―評価」や「指導の観点」が明確に記されているわけでもなく、また、単元自体が設定されているわけでもありません。それで、各学校の裁量に任され、地域の特色を活かしながら取り組んでいくことになります。教員になったばかりの私にとって、総合的な学習の時間に「何を教えたらよいのか」が、私には明確に見えてきませんでした。

私のしてきた総合的な学習は、①パソコンでの「調べ学習」です。環境問題の学習時には、「地球温暖化」「オゾン層の破壊」「ごみ問題」など、福祉の学習時には、「盲導犬」「点字」「手話」などのキーワードをパソコンで検索欄に打ち込ませ、または図書室で本を借りてこさせ、あたかも理解したかのようにワークシートにまとめさせていくような学習方法をとりました。また、②体験〝活動〟もしました。町のクリーン活動に参加し、絶滅危惧種の観察もしました。しかし、どちらも単なる活動に終わり、子どもたちが学習課題を見つけることはありませんでした。クリーン活動をしても、自分たちの町を「きれいにしたい」「町をきれいにすることで大切な宝物を残したい」と、どれだけの子どもたちが思ったことでしょうか。また、絶滅危惧種の観察を通して、「大人になったら研究者になり、その生物を残す研究をしてみたい」と思うようなゾクゾク、ワクワクするような体験になってはいきませんでした。

岸本実践に出合う

そんな時に、岸本先生の環境学習と出合いました。そのとらえ方は私のと全く違い、大きな衝撃を受けたことを今でも覚えています。それは、子どもたちに問題意識を持たせ、課題解決に向けて真剣に考えさせる。そして、他学年の児童や保護者、地域の大人にも協力してもらい、広げていこうとするものでした。その子どもたちの真剣な眼差しで奔走する姿は、とても格好よく気持ちのよいものでした。そして、可能ならば、私も子どもたちと一緒に、この学習に参加して学びたいという気持ちになったことを覚えています。

環境学習への挑戦とある保護者の評価

それから私は、「どうすれば子どもたちが主体的に学ぶようになるのか」を、真剣に考えるようになりました。総合的な学習の捉え方を見直し、子ども主体の環境学習を自分も創ってみたいと思うようになりました。そして、岸本先生の協力もあり、後で紹介する実践を試みることに挑戦しました。その実践後に、ある保護者の方がこんな評価をしてくれました。「今まで総合的な学習とは何をしているのか、よく分かりませんでした。しかし、今回子どもは目をきらきらさせて学び、また、みんなの考えをまとめて教えてくれました。まだまだ知らないことばかりの私の先生となり、詳しく説明してくれる姿を見て、成長を実感しました。周りの方々からたくさんのことを学び、感謝することも学んだようです」と。

楽しい学びの後は、誰しもその内容を誰かに伝えたくなるものです。子どもにとっても同じです。そして、目を輝かせて話をしてくれる子どもの姿を見て、保護者も子どもの成長、変容を実感できるのだと確信しました。

そこで、私の実践した総合的な学習「桃子野お宝探検隊～地域のため池の役割を考え、そこに生息する動植物を調べよう～」（小学3年生）を紹介します。

校区内外には、たくさんの「ため池」があります。小学生の頃私は、細い木と煮干しを持って、ザリガニつりによく出かけました。その頃の私にとって、ため池とは周囲が土手に囲まれ、外からはけっして水中の様子が見えない未知の世界そのものでした。「どんな生き物が生息しているのか」「水の中はどうなっているのか」ワクワクドキドキしたことを今でも覚えています。しかし、今の子どもたちは、そんな感情を抱くことさえできません。なぜなら、社会がため池を「危険」なものとして見なし、近づくことを許さないからです。また、「臭い」「汚い」ものとしてイメージされているのも事実です。ある時一人の子どもが「どうして危険なため池がこんなにたくさんあるの?」と尋ねてきました。実は私自身が非農家ですから、ため池について知らないことが多く、答えることができませんでした。だけど、「これはチャンスだ」と感じました。知らないからこそ、私も子どもたちと一緒に学べるからです。

また、ある池に絶滅危惧植物「ミズトラノオ」がありました。それは水辺に生える多年草で、かつては全国各地に分布していましたが、自生地が宅地開発されたり、ため池が改修されたりしたことによる生育環境の変化によって激減し、絶滅危惧種に指定されました。自分たちの校区にそんなお宝があるということで、「どうしてその池にしか咲かないのか」「絶滅させない取り組みができるのか」など、この植物についても学んでいきたいという気持ちを持ちました。

様々な体験から学習課題を作る

３年生の１学期には、地形図を持って校区を探検し、方位を確認しながら見つけた建物や田畑を地図記号で白地図に書き込む学習をしてきました。さらに、地区ごとに分かれて探検をし、その地区にしかない建物や生物を、「お宝」としてクラスで紹介し合いました。その時に、ある地区の子どもたちが、ため池をお宝として紹介しました。発表後そのお宝をみんなで見たいということになり、２学期にため池を見学することにしました。

学校近くのため池に着くと、子どもたちはすぐに持ってきた長靴に履き替え、浅瀬に行き喜んで水中に入りました。「タニシがいる」「小さな魚が泳いでいる。何という魚かな」「ハンドルがついているもの（斜樋）があるで」「水草の上にきれいな白い花が咲いているな。何という植物かな」など、思い思いに語りました。そして、私にもたくさんのことを教えてくれました。その後私から、「お家の人にも、今日ため池で見たことや感じたことを話しておいで。そして、ため池について何でもいいから聞いておいで」と指示し、見学を終えました。

その翌日、子どもたちは、家族や地域の人からたくさんのことを教えてもらい、自分が一番に発表したいとはりきっていました。「ため池は、お米を作るためにあるんだって」「ハンドルを回すと水が抜けるって」「土手は、岩や石の代わりにブロックを置いたものもあるそうだ」「皿池から、繁昌町、朝妻町、常吉町にある田んぼに水を送っているそうだ」「火事が起こった時に、ため池の水を使って消すって言うてたで」「昔は、プールの代わりにため池で泳いでいたみたい」「数年に一度ため池の水を抜き、底にたまったヘドロをかき出すみたいや。昔、栄養を含んだヘドロを畑にまいていたようやわ」など、聞いてきた情報を黒板いっぱいに書いてくれました。友だちの意見を聞く中で、半分くらいの子どもたちが、ため池が農業用水をためるものだと気付きました。しかし、農業用水として実際に使われているところを見たことがないので、納得していない子どももいました。

　これらの話し合いから、みんなの学習課題が生まれました。①「ため池は、何のためにあるのか」、②「ため池はどんな構造なのか」、③「ため池には、どんな生き物が生息しているのか」です。

　課題①を追究するために、校区の白地図を用意しました。そして、子どもたち全員で、ため池や建物、山、田んぼと色を塗り分ける作業をしました。

　でき上がった白地図を見ると、驚きと新しい発見がいっぱいでした。「校区に70ものため池があるんだ！」「大きなため池や小さなため池があるなぁ」「田んぼがたくさんあるなぁ」「玉丘町の辺りにはため池が多いのに、山枝町の辺りは少ないなぁ」など、地図を見ながら発見したことを語ってくれました。その時に、ある子どもが「どうしてこんなに（70もの）多くのため池があるのかな」と、ふとつぶやきました。「どうしてだろうね？」と返すと、いろんな意見が飛び交い始めました。「ため池の周りに田んぼが多いから、きっと田んぼに水を入れるためやで」「でも、地図の中心辺りは、田んぼがあるけどため池はないで」「そこは川が流れているから、きっと川から水をとっているんやで」「そういえば、川の近くにもハンドルがあるのを見たことあるわ」など、様々な意見が出ました。そうするうちに、ため池の役割が田んぼとしだいに結びつき、農業用水として活用されていることに、みんなは納得しました。

　課題②を追究するために、岸本先生をゲストティーチャーとして招き、ため池の「歴史（伝説）」と「構造」について教わりました。ため池の模型を使って土手について解説をしてもらいました。その後にみんなで、ため池の土手作りを行いました。「もっこ」に入れた土を担《にな》い棒で担《かつ》いで運び、その土をみんなで踏み固める体験を通して、昔の人がいかに苦労してため池を造ったか、身をもって体験することができました。子どもたちの振り返りで、特に印象に残ったのが、「今私たちがお米や野菜を食べて生きていけるのは、昔の人が大変な思いをしてため池を造ってくれたからなんだね」という言葉でした。

課題③を追究するために、生き物とふれあうことを大切にしました。その一つ目が、「ため池オアシス運動（雑魚取り大会）」への参加です。ため池にどんな生物が生息しているのかが見られる、願ってもないチャンスです。今回、偶然にも校区のため池で行われるとあって、3年生の児童も参加しました。

さらに、加西ナチュラリストクラブの尾内良三さんに、ため池の生きものの種類や外来種のことを教わりました。また、前に校区のため池を観察した際に見つけた水生生物についても教えてもらいました。

一方、絶滅危惧植物の「ミズトラノオ」について播磨農業高等学校（以下、播磨農高と略す）のサイエンス部の支援を受けて考えていきました。まず、「ミズトラノオ」が生息するため池で、お話を聞いたり、観察したりしました。さらに、それを守るために、越冬芽をペットボトルに仮植し、芽が大きくなると大型プランターに定植する作業を農高生と共に行いました。その作業をしながら、子どもたちは、「私たちの池にだけ咲くこんなに美しい花を守りたい」「花の咲くのが楽しみ」と言っていました。また、子どもたちにとって、何でもよく知っている高校生のお兄さんやお姉さんは憧れの存在となったようです。「お兄さんやお姉さんのように生きものについてたくさん勉強したいな」「どうすれば、お兄さんやお姉さんのようになれるの?」と、話していました。

おわりに

ため池学習は、私にもたくさんのことを教えてくれました。私の祖父は、「水を大切にしなさい」とよく言っていました。今その言葉の意味がよく分かります。「水を大切にすること」=「先祖の残してくれたため池を大切に思うこと」です。そして、そこにすむ水生生物も守ることだと思います。ため池を「危険・臭い・汚い」という見方から「先祖から私たちへの贈り物」という見方に変えることができたことに幸せを感じました。

また、この環境学習により親子の「強い繋がり」を感じることができました。本実践を終えた後、ある保護者から「私も我が子にため池に近づかないように言ってきました。私もため池を汚くて、危険なイメージとしてとらえていました。しかし、我が子が『ため池は、昔の人が大変苦労して作った大切な贈り物で、今こうしてお米を食べることができるのは、昔の人のおかげやで』と教えてくれました。ため池に対して私自身も考えを改めることができ、昔の人に感謝する気持ちを持つことができました」という、嬉しいメッセージを頂きました。

子どもたちが学んだことをお家の方に広げたことで「親子の絆」がさらに深まったり、ため池に対する「新しい価値観」を生んだりしました。子どもたちの学びが、周囲の大人の「心」を動かしたことに、総合的な学習の意義を感じることができました。

私と総合的な学習

小林豊茂＝兵庫県加東市市立小学校

1　今年度の総合的な学習の取り組み

私は兵庫県加東市の公立小学校に勤務する教諭で、教職生活は21年目になります。

私の担任する3年生では、今年度は総合的な学習で「魚から地元の千鳥川の環境を考える」という実践を行っています。その単元名は「魚・魚・魚・魚だろ！（ギョ・ギョ・ギョ・さかなだろ！）」です。「千鳥川の魚を調べるよ」と話したときに、「びっくりするようなことを見つけるんだ」と、みんなでこの単元名にしたのです。子どもたちの楽しみにしている気持ちが伝わってきます。

1学期には、千鳥川でみんなが網で魚をとりました。2学期には、千鳥川にいる魚と比較するため、違う川で魚をとりました。また、川の深い所にいる魚を知ろうと、みんなで魚釣りもしました。こんな川の学習をしていると知った他学年の子どもたちは、「ええなあ。ぼくらも行きたいなあ」「今度は何するの？」と興味津々です。川に行く3年生はもちろん、「早く川に行きたい」、「魚をたくさんとりたい」と張り切っています。

子どもたちは、地域に出かけることや体験活動をすることが大好きです。それを通して出てきた「はてな」は、子どもたちが本気で追い求める学習課題となります。それを自分たちで考え、地域の人たちに教えてもらいながら追究する。そして、自分と地域との関わりについて学んでいく。そんな総合的な学習になればいいと思いながら、日々実践を重ねています。

2　思い出せない過去の総合的な学習

今そんな実践をしている私ですが、地域の素材を教材化する、このような取り組みを始めたのは数年前のことです。それまでは、学校で決められたカリキュラムの内容をこなすだけでした。その学習の大筋は毎年同じようなもので、「国際理解」「福祉」「環境」などの分野で、決められた筋書き通りに実践していました。テーマを決め、インターネットや本を用いてグループで調べ学習をし、その交流をした後に少しばかりの体験をしてお仕舞いというお粗末な展開でした。その時実際どんなことをしていたのか、指導していた私自身がよく思い出せません。教員がこうなのですから、子どもたちが覚えているはずもありません。子どもたちがすぐに忘れてしまうようなことを、何時間もかけて行っていたのです。

3　「ほんもの」の総合的な学習に目覚めた契機

そんな総合的な学習を打破する契機となったのは、岸本先生との出会いです。数年前に市内小学校の総合的な学習担当者会で、先生から鴨川小学校での「サワガニ」を教材にした環境学習の実践報告を聞きました。体験を重ねて学習課題を作り、主体的に学んでいく子どもたちの姿が、そこにありました。「そんな実践を私もしてみたい」そう思いました。そうして、手探りで実践を始めたのです。

4　今まででいちばんおもしろかった総合的な学習

２０１２年度に6年生で、「ため池」をテーマにした実践を行いました。

まず、子どもたちとため池を見て回りました。そこにあるため池の施設を確かめたり、ため池どうしが水路でつながっていることを見つけたりしました。そのうちに二つの「はてな」が出てきました。ため池がある決まった地形の所に造られていること、それと、川のすぐそばにある村でも、川の水を使わず、ため池の水を使っていることです。

この二つの「はてな」の解答を、まず子どもたちが予想しました。それから家や地域の人に聞き、最後には専門家から話を聞き、解決していきました。また、干ばつから稲を守った村の人の知恵と工夫についても学びました。

さらに、各村のため池に水を供給している「東条川疏水」に発展していきました。水は、広大なダムから15㎞もの水路を経て校区のため池までやって来ます。しかし、ダムから校区までには、たくさんの山や谷があります。「どうやって水は山や谷を越えるのか」を課題の一つとして追究しました。普段あまり発言しない子どもまでが、一所懸命に考え発言する姿が印象に残っています。子どもたちは、ポンプアップ、水路橋、隧道（トンネル）、サイフォンなど様々な予想をしました。理科室で水槽やホースを使って実験した後、現地に出かけてその仕掛けを見つけていきました。自分たちの予想したものが実際に使われている所を、子どもたちは発見しました。

子どもたちは当初、ため池は「汚いところ」「危ないところ」と思っていました。しかし、終わりの方になると、ため池は「先人の知恵が詰まったものすごいもの」と思うようになっていました。

最後に、「先人の知恵の詰まったため池を、未来に残すためにどうすればいいのか」を考えました。最終的にたどり着いたのは「たくさんの人にため池に来てもらう」でした。それは、自分たちがため池の大切さに気づくことができたのは、何度もため池を見に行ったからです。だから、たくさんの人がため池に来てくれれば、ため池のよさを知ってもらえるはずだと考えたのです。

それで、子どもたちはため池のフェンスを磨き、近くにある東屋をきれいに清掃しました。それから、花を植えたプランターを置き、ため池周回散歩コースを設定しました。また、看板を作り、自分たちの学んだことを知らせることにしました。さらに、他地域の人にもこのことを知ってもらおうと、新聞社に取材を依頼しました。

この単元を始める時、私は大まかに「ため池を見てまわる」「干ばつ対策について知らせる」「東条川疏水について調べる」「自分にできることを考える」の4本の柱だけを立てました。その後、子どもたちの感想やつぶやきをもとに、学習の方向を決めていきました。端から見ていると、ずいぶんいい加減なやり方であるように思われますが、自由というか「遊び」がないと、子どもたちの「はてな」を十分活かすことができないと思っています。

5　「ほんもの」の総合的な学習をするわけ

地域を教材にすると、子どもたちの本気度が違います。あるため池から出ている水路を見に行った日の放課後、子どもたちは何人か連れ立って、さらに末端の水路を探検し、発見したことを絵に描いて持って来てくれました。また、「用水に川の水を使わないのはなぜか」と問うた翌日、ある女子が

「先生、近所のおっちゃんに聞いたんやけど、水利権っていうのがあるらしい」と得意げな顔で報告してくれました。また、水に山や谷を越えさせる工夫を予想するときには、子どもたちは必死に、しかも楽しそうに考えていました。

子どもたちが、どうしてそう本気になるのでしょうか。子どもたちは学習課題に対して、自分の体験や知識をもとに予想し、自分なりの考えを持ちます。すると、級友はどう考えているのか、自分の考えと同じなのか、違うのかを知りたくなるのです。それで、自分の考えを級友に伝え、級友の声にも耳を傾けるのです。そうしながら自分の考えを練り直していくのです。こういう営みこそが本当の学びではないでしょうか。

6　さあ、地域を教材に総合的な学習を始めましょう

子どもも教員も楽しく、学ぶことの多いのが地域の素材を教材にした総合的な学習です。10時間未満の小さな単元から実践を始めても良いと思います。大切なのは、子どもを地域に連れ出すことと、その体験から出てきた子どもの「はてな」を大切にすることです。そして、「はてな」について語れる地域の人を、学校に引き込むことです。

何より大事なことは、教員自身が体験することによって、子どもたちが知ることに喜びを感じるようなテーマを見つけることです。そして、学校の内外に、応援してくれそうな先輩教員が見つかれば言うことなしです。

さあ、始めてみましょう。

用語解説

国民学校

1941年3月に国民学校令が出され、同年4月からそれまでの尋常小学校、高等小学校は国民学校と改称された。初等科6年、高等科2年で、ほかに特修科（1年）をおくこともできた。国民学校令「国民学校ハ皇国ノ道ニ則リテ初等普通教育ヲ施シ国民ノ基礎的錬成ヲ為スヲ以テ目的トス」にあるように、皇国民錬成のための学校であった。

デューイ（1859〜1952）

アメリカ合衆国の哲学者、教育学者、社会思想家。1889年にミシガン大学哲学科教授、1894年にはシカゴ大学教授となった。1896年に実験学校（のちシカゴ大学付属実験学校）をつくる。個人宅を借りて先生一人に生徒が十数人で出発した実験学校は、1898年には実験室や食堂などもある校舎に移り、生徒は82人であった。デューイはここでの講演をもとに、『学校と社会』（1899年）を出版した。1904年コロンビア大学に移り、以後退職に至るまで哲学教授であった。1920年代には中国や日本、トルコなどを訪問し、各国の教育思想に強い影響を及ぼした。

ロバート・オーエン（1771〜1858）

イギリスの社会思想家、空想的社会主義者。オーエンは苦しい生活の後、産業革命時に紡績機械を使った紡績業で成功し、１７９９年にはグラスゴーの大工場の経営者の娘と結婚、後にその共同経営者となった。

オーエンは、工場労働者の実情を見て10歳未満の子どもの工場労働をやめさせ、幼児の学校を工場に併設、性格形成学院と名づけた。幼児教育の最初の試みであった。また、大人のための夜間学校を開校した。また、労働者のために日用品を安く売る店を開き、協同組合の創始者となった。そして、幼児労働の制限と、その制限された時間を教育に当てることを立法化しようとした。それが１８１９年の工場法となった。後にアメリカに渡って、私財を投じて共産主義的協同村建設を試みたが失敗。帰国後は協同組合や労働運動を指導した。その後、社会環境改善による人間性改善運動に没頭し、貧窮のうちに死亡した。

平原春好（1933年〜　）

日本の教育学者、神戸大学名誉教授。ハーバード大学共同研究員。日本教育法学会会長。教育法学の卓越した学者である。教育法を深めるには、教育そのものが分かっていないといけないと考え、教育学にも造詣が深い。

同和教育

部落差別を解消するために行われる教育を指す用語。かつては同和地区の児童生徒に学力保証をするために行われた教育である。近年では対象を同和地区住民に限らず、部落問題解消を目的として行われる人権啓発教育を指すようになった。

解放教育

部落解放同盟の方針に沿い、被差別部落の解放をはかるために行われる教育活動。その範囲は、学校での被差別部落問題、人権問題に関する教育だけではなく、一般市民を対象とした啓発活動、被差別部落の人々や子どもたち自身による教育、学習活動までを含む。

民間教育研究団体

1950年前後からアメリカの対日政策が転換し、学者ではなく政党の実力者を文部大臣に就任させるなど、国家が教育を管理、統制しようとしてきた。また、「学力低下」を理由に戦後新教育批判も展開されていった。

それに対して、戦後新教育を批判的に総括しつつも、他方で教育の国家統制強化を批判し、教育の自主性、自立性を強調し、科学的・系統的な教育の内容と方法の確立を目指す民間の教育研究団体が、全国的な規模で多数組織されるようになった。1949年には歴史教育者協議会（歴教協）、50年には日本綴方の会、51年の数学教育協議会、52年には教育科学研究会、54年には科学教育研究協議会などが次々と結成された。これらの団体は民間教育研究団体と総称された。

それぞれの団体は、県や市の支部で研究集会を重ねるとともに、夏休みなどには全国各地で全国大会を開催し、多くの教員を集めた。そして、自分たちの英知を結集した教育観や教育実践を伝え、広げた。それが自分自身の教育実践力育成に役立つと、教員の中には各団体の大会のはしごをする人もいた。

日本作文の会

1950年に同人組織「日本綴方の会」として発足。翌年「日本作文の会」と改称。当時の国語教育では「書くこと」が軽んじられていた。そうした中、作文教育のサークルが、各地に続々と生まれていった。事実に基づいて真実を見極め、ものの見方・考え方・感じ方・行動の仕方を育てる生活綴方教育の復興と発展を願い、戦前から、あるいは戦後新たに実践を始めた教師たちが、広範囲に集まって「日本作文の会」がつくられた。

森垣修（1932〜2012）

兵庫県豊岡市の小学校教師。子どもの自立の力を育てるために生活綴方教育をする。地元の用水などを教材に、フィールドワークや古老に聴き取りをして学ばせる。そして、それを詩や絵画などに表現する社会科の実践をする。また、父母の教育要求を調査し、基礎学力を錬磨するなど、父母の要請に応える教育の創造を目指す学校づくりをする。このように子どもを中心にすえ、父母や地域の期待や要請に応える教育づくりを実践してきた。

岸本裕史（1930〜2006）

神戸市の小学校教師。いわゆる「落ちこぼされた子」には徹底した反復練習による救済を、また家庭やクラスで立場の弱い子には生活綴方の手法を用い、一人一人に寄り添った実践を積み重ねてきた。多くの教員にその理念や方法をつかみ実践してもらって、より多くの子どもを救おうと、1985年に「学力の基礎を鍛え落ちこぼれをなくす研究会（落ち研）」を結成した。そして、月刊『どの子も伸びる』の編集に携わったり、「見える学力、見えない学力」などの本を出したり、全国を講演して回ったりした。

地域に根ざす教育

地域に生き、生活を切り拓いてきた人々の知恵や技術、技能を教材とし、地域の人たちに授業への参加を求め、人間的な連帯の中で、確かな子育てと教育の方法を探る。単に生きた教材を地域に求めることに終わらず、地域に暮らす子どもたちをリアルにとらえ、その生活や生き方の向上につながる教育を模索する。

教科研

教育科学研究会（教科研）は、日本の民間教育研究団体の一つ。1937年5月に結成されたが、翼賛政治体制のもと1941年4月に解散した。戦後1952年に再建された。教育の現場で起こっている現実を見すえながら、子どもの未来と教育のあり方について、教職員、保護者、指導者、学生、研究者などが共に考えあい、実践・研究しあう団体。

武村重和（1936～）

日本の教育学者。広島大学名誉教授。文部省教科調査官時代は理科教育を担当。日本はもちろんのこと、海外の学校の教室を訪ね、授業を見たり講演をしたりして、理科授業の創造に尽力してきた。小学校理科教科書（啓林館）の執筆者。

あとがき

この本を手にとってくださったあなたに

安藤聡彦

いったいあなたはどうやってこの本にたどり着いたのでしょう？　アマゾンで何か良い本はないかと検索されたのでしょうか？　それとも授業の方法を模索して本屋さんの教育書コーナーを歩き回って「発見」されたのでしょうか？　あるいは講義のテキストに指定され、何も考えることなく手にすることになったのでしょうか。きっとその経緯はそれぞれ異なっているることでしょう。でも、たとえどんな経緯でこの本を手にとられたのであるにせよ、本書の編集にかかわった者のひとりとして「とても嬉しいです」とあなたにお伝えしたいと思います。だって、この本を手にとってくださらなかったら、あなたと岸本先生との出会いは永遠に生じなかったでしょうから。どんな経緯であるにせよ、あなたと岸本先生が出会っていただけたこと、そのことがとても嬉しいと思うのです。

ぼくが先生に出会ったのは、もう20年近くも前のことです。それはあるとても偶然な出会いでした。でも、初めて出会って本書に収録されている東条川学習のお話を伺ったときから、ぼくは岸本先生の実践の面白さに引き込まれてしまったのです。何よりも先生ご自身がまるで誰も知らない森に入り込んで戻ってきた人のように自らにおこったことに驚き、感動し、そしてその経験をどう表現してよいのか、悩んでおられました。きっとぼくを引き込んだものは、そんな先生の無我夢中の姿であり、子どもと向き合い教育実践を創造することへの飽くなき探究心であったのだと思います。

その後、あるときは研究者の皆さんと、あるときは学生たちと、そしてまたあるときはひとりで、ぼくは岸本先生のところへお伺いさせていただきました。いつも先生は温顔でぼくや同僚たち、学生たちを迎え入れてくださり、ユーモアたっぷりの表現でいま取り組んでいる実践のお話をしてくださったのでした。だが、何度もお伺いするうちに、先生のまなざしはつねに厳しい現実のなかで生きる子どもやその家族、学校や地域に向けられていることが分かってきました。例えば、出会ってほどなくして、ぼくは先生から「足跡カリキュラム」という言葉を教えていただきました。自分がやった実践を記録しておかないと自分自身が学校の日常性のなかに埋没してしまい、教師としての〈私〉が見えなくなってしまう。だから「足跡カリキュラム」を残す。教師の戦いとはそういうことなのだ、ということを、ぼくはそのとき先生に教えていただいたと思います。

先生に環境教育実践研究の集中講義に来ていただき、終了後受講していた学生たちと飲んでいたとき、ひとりの女子学生が泣き出しました。「先生は『教材研究っていうのは、自分が何を教えたいのかを明らかにする作業だ』と言われたけど、ほんとうにそれって大事だし、そのお話を伺ってやっぱり私は教師になりたいって思ったんです」。

この瞬間、ぼくは岸本先生のご本をぜひ出したい、と思ったのでした。

本書でめざしたことは、岸本先生の実践を記録しその価値を検証することでもなければ、岸本流教育実践のノウハウを伝えることでもありません。岸本清明というひとりの教師のオウトバイオグラフィーとでも言ったらよいのでしょうか、教師としての歩みをふりかえりながら、そのなかに「もう一つの教育」としての東条川学習とそれに続く教育実践の創造を位置づけ、先生は何をめざしてどのように苦しみ、模索し、探求してきたのか、その結果何を生み出してきたのか、またそこから先生はどのような知見を紡いでこられたのか、をつまびらかにするという試み、それが本書において目指したことでした。なぜそのような方法をとったのか――それは本書を読むという営みを通して、岸本先生と出会ったあなたが、岸本実践とその土台にある岸本先生自身との対話を重ね、自らの教育観を彫琢し、授業を創造する一助にしてほしいと私たちは願ったからです。そう、先行世代との深い対話とそれにもとづく自己省察、そこをくぐり抜けての新たな課題設定と授業づくりという一連のプロセスにこそ、教育が「希望の教育実践」へと錬磨されていく、たとえ細いものではあっても確かな道筋があるはずです。

環境教育という「新しい教育」が世界中で求められ始めて半世紀以上が経ちました。日本でもこの言葉が一般的に用いられるようになってすでに4半世紀が経過しています。この間、環境教育に取り組む市民団体やNPO・NGOの数は大幅に増大し、ひとつの大きな教育資源を構成するようになってきています。けれども学校における環境教育実践はなかなか進まず今日に至っているように見えます。本書は、日本の学校において環境教育実践を行うことがなぜ難しいのかを教えてくれるとともに、環境教育実践を創るとはどういう営みであるのかを明らかにしてくれるはずです。環境教育実践を創るという営みこそが「希望への教育実践」となる――それこそが岸本先生が生涯をかけて探求してこられた教育論の結論であるのだと思います。

あなたが若手教師であれば、自分の目の前にいる子どもたちは、岸本学級の子どもたちとは異なっている、ということに苛立たれるかもしれません。あるいは、自分の学校は大都会のど真ん中にあって、せせらぎもなければ小鳥も飛んでいない、とため息をつかれるかもしれません。いいではないですか。大事なことはまさにそのズレのはずです。岸本先生の結論を完成された知見として学修するのではなく、むしろ自分をとりまく状況やいまの関心から本書を批判的に読むことによって気づいたり、見えたりすることがきっとたくさんあるのだと思います。本書がそのような自己省察のためのひとつの豊饒なテキストになっていれば、岸本先生もぼくも歓びこれにまさるものはありません。

底深い夜のくらさも、正しい見方で眺める限りいかにも美しく、手ざわりも柔らかい、まるで天鵞絨《ビロード》のようなものであるに相違ありません。

（ローザ・ルクセンブルク）

どうぞ希望を見失うことがないように、岸本先生とあなたの出会いを大切にしてください。

著者略歴

岸本清明（きしもと・きよあき）

1951年兵庫県生まれ。

神戸大学教育学部卒業後、加東市内公立小学校で教育実践を積み重ねる。1981年（30歳）から研究主任として授業研究や教育課程の作成を担ってきた。1998年に東条川を教材にした環境学習を始めた。以来地元の自然を教材に環境学習を継続する。2009年に兵庫県立大学環境人間学研究科前期博士課程を修了し、2011年に公立小学校教諭を退職。2012年から甲南女子大学非常勤講師。兵庫県立「人と自然の博物館」地域研究員。

主な著書に、「学級崩壊を超えて」稲垣忠彦編『子どもたちと創る総合学習Ⅰ』評論社2001年、「水生生物から見た東条川」『子どもと自然学会誌1』（第1巻第1号）2004年、「小学校における環境教育の実践」横浜国大教育人間科学部環境教育研究会編『環境教育』共立出版2007年、佐藤裕司と共著 報告「兵庫県内小学校における環境学習の現状と障壁」日本環境教育学会紀要『環境教育』第20巻第1号2010年、総合学習「開魂園の竹やぶは病気です」『歴史地理教育』6月号№820　2014年がある。

希望の教育実践

——子どもが育ち、地域を変える環境学習

2017年5月2日　　初版第1刷発行

著　者　　岸本清明

発行者　　高井　隆

発行所　　株式会社同時代社

〒101-0065　東京都千代田区西神田2-7-6

電話 03(3261)3149　FAX 03(3261)3237

組　版　　有限会社閏月社

装　幀　　クリエイティブ・コンセプト

印　刷　　中央精版印刷株式会社

ISBN978-4-88683-817-9